¿Qué le pasa a Cataluña?

"…las causas que la impulsan

a la separación…"

Editado por Liz Castro

Catalonia Press

¿Qué le pasa a Cataluña?
Las causas que la impulsan a la separación

Título original: *What's up with Catalonia? The causes which impel them to the separation*
Traducido por los autores, por M. Eugènia Bentanachs, y por Carles Palomar
Corregido por Jordi Fernando, Editorial Meteora
Editado por Liz Castro
Publicado por Catalonia Press
http://www.cataloniapress.com
Ashfield, Massachusetts, EE.UU.

ISBN
Papel: 978-1-61150-036-3
EPUB: 978-1-61150-037-0
Kindle: 978-1-61150-038-7

Índice

Nota de la editora

Liz Castro

Desde que en 1985 empecé a estudiar catalán en la Universidad de California en Berkeley, he sentido una especial afinidad con los catalanes y una conexión innegable con Cataluña. Por ello, fue muy agradable ver cómo aumentó la presencia de Cataluña en los medios de comunicación a raíz de la multitudinaria manifestación del 11 de septiembre de 2012, aunque al mismo tiempo resultaba un tanto frustrante comprobar la falta de profundidad de las informaciones. El 29 de noviembre de 2012, pocos días después de que se celebraran de forma anticipada las elecciones catalanas, se me ocurrió que con la contribución de expertos catalanes, mediante las nuevas tecnologías, con el poder de las redes sociales y también con una buena traducción, podía publicar un conjunto de artículos para que la gente de fuera de Cataluña pudiera tener una idea mucho más clara de lo que está pasando allí. La primera edición se realizó en inglés en febrero de 2013. Pero era evidente que también hacía falta una versión en castellano. El producto de ese esfuerzo es este libro.

Todos los artículos se escribieron entre diciembre de 2012 y enero de 2013, en un intento por captar la situación *actual* en Cataluña. Han pasado unos acontecimientos importantes desde la publicación del libro en inglés: el 23 de enero el Parlamento de Cataluña aprobó una declaración de soberanía y el 26 de junio se constituyó el Pacto Nacional para el Derecho a Decidir. El proceso avanza.

El subtítulo de este libro "… las causas que la impulsan a la separación…" es una cita literal de la Declaración de Independencia de los Estados Unidos, que también aparece en la cubierta. Este documento no sólo es una declaración política sino también una descripción de los agravios y quejas que la provocaron.

Conocía con anterioridad a algunos de los autores que han participado en el libro, pero otros han confiado en mí a ciegas. Estoy en deuda con todos ellos por su confianza, su colaboración y su comprensión.

Algunas aclaraciones: muchos catalanes prefieren referirse a España como *Estado español*, ya que lo consideran un ente administrativo, pero no nacional. He seguido su ejemplo. El concepto *Cataluña* y *Países Catalanes* es bastante complejo y existe un artículo entero sobre ello (Vicent Sanchis).

Quien desee actualizar la información en inglés de lo que ocurre en Cataluña en su camino hacia la independencia, puede seguirme en Twitter (@lizcastro) o leer mi blog News Catalonia (http://www.newscatalonia.com). Catalonia Press ha publicado otros dos libros en inglés sobre Cataluña: *What Catalans Want: Could Catalonia be Europe's Next State?*, una serie de entrevistas a destacadas personalidades catalanas escrito por Toni Strubell con fotografías impactantes de Lluís Brunet; y *Barcelona, Catalonia: The View from the Inside*, una serie de ensayos sobre la vida en la capital catalana. Ambos están disponibles en papel y en libro electrónico. También recomiendo seguir la actividad del Col·lectiu Emma (http://www.collectiuemma.cat) y del Col·lectiu Wilson (http://wilson.cat/es/). Los dos ofrecen historias y artículos sobre el movimiento independentista en Cataluña en castellano, inglés y otros idiomas.

Mi agradecimiento a Andreu Cabré por la cubierta acertadísima, a los escritores mismos y a Carles Palomar y M. Eugènia Bentanachs por las traducciones al castellano y a Jordi Fernando de Editorial Meteora por la corrección. Gracias también a todos los que amablemente me siguen en Twitter y me han ayudado con las traducciones y aclaraciones, a los que me han facilitado información o me han dado ánimos y a los que les interesa lo que escribo, en 140 caracteres, sobre lo que está pasando en Cataluña.

Finalmente, mi especial agradecimiento a las personas que han dado su apoyo a este libro a través de la campaña de micromecenazgo Verkami, y cuyos nombres aparecen en la web de Catalonia Press. Muchos de ellos han costeado el envío de un ejemplar del libro a un amigo, una biblioteca, un periodista, un diario o a un político de fuera de Cataluña, para difundir por todo el mundo una imagen más precisa de lo que está pasando allí. Los catalanes no esperan que venga nadie a salvarlos, pero están muy contentos de que se sepa lo que allí sucede. Espero que quienes visiten la preciosa Barcelona a partir de ahora, miren a su alrededor y puedan tener una idea más clara del país en el que se encuentran.

Prólogo:
Un nuevo camino para Cataluña

Artur Mas i Gavarró
Presidente de la
Generalitat de Cataluña

Cataluña se encuentra en una encrucijada histórica, el momento más interesante y significativo en muchos años. Hay un gran entusiasmo por construir nuestro país. Un país que en parte será nuevo. Es un enorme proyecto colectivo que nos implica a todos. No será un camino fácil, será cuesta arriba y el proceso estará lleno de dificultades y obstáculos, pero si permanecemos juntos y perseveramos, podemos conseguirlo.

Cataluña, nuestro país, es una nación. Una nación que, para mantener su identidad y poder avanzar, necesita instrumentos de estado. Esta nación ha existido desde hace siglos. Tiene su propia identidad, cultura, lengua e instituciones. Cataluña quiere seguir, y con seguridad se le debe permitir que siga, su propio camino.

Desde hace 30 años, en Cataluña hemos hecho todo lo posible para colaborar con el Estado en la construcción de una España democrática, moderna y europea. Hemos intentado repetidamente transformar el Estado para hacerlo nuestro. Teníamos la esperanza que España sería comprensiva, tolerante y sobre todo respetuosa con la personalidad de Cataluña, con su cultura y su lengua y con las esperanzas de progreso y bienestar del pueblo de Cataluña.

Pero ¿qué respuesta hemos encontrado por parte del Estado en estas tres décadas? Nos hemos encontrado con que nuestra contribución ha sido enorme, demasiada incluso, y que a pesar de que hemos ayudado tanto como hemos podido, nunca se nos ha comprendido ni respetado por lo que somos. Nos hemos encontrado con un déficit fiscal inmutable de 16.000 millones de euros, diferencia entre lo que aportamos al Estado cada año y lo que recibimos. Nos hemos encontrado con que nuestra jurisdicción es continuamente violada, con que algunas deudas son reconocidas pero nunca pagadas, mientras otras deudas ni tan siquiera se llegan a reconocer. Nos hemos encontrado con una sentencia del Tribunal Constitucional español que es contraria al Estatuto de Autonomía aprobado por el Parlamento de Cataluña en 2006. Y nos hemos encontrado, finalmente, con un NO rotundo en respuesta a nuestra propuesta de pacto fiscal, aprobada por nuestro Parlamento en un último intento de buscar un acuerdo más justo, más apropiado entre iguales, para reducir la diferencia entre lo que aportamos al Estado y lo que recibimos a cambio. Aquella propuesta no rompía ni disminuía nuestro compromiso de solidaridad con los otros territorios del Estado, pero a pesar de ello se nos dijo que no había margen para la negociación.

En ese contexto el pasado 11 de septiembre de 2012, Día Nacional de Cataluña, hubo una manifestación masiva en la que 1'5 millones de personas (es decir, una quinta parte de nuestra población) pidieron que Cataluña se convirtiera en un nuevo estado de Europa. Aquella enorme manifestación fue la continuación de la que hubo el 10 de julio de 2010 con el lema: "Somos una nación; nosotros decidimos", después de que se hiciera pública la sentencia del Tribunal Constitucional contra el Estatuto de Cataluña de 2006.

Entonces ¿qué le pasa a Cataluña? Lo que sucede es que la esperanza de hacer de España nuestro estado y de que se respetaran nuestra personalidad y nuestras aspiraciones, nuestra cultura y nuestra lengua, se ha visto frustrada y una mayoría significativa del pueblo de Cataluña ha dicho que quiere tomar un nuevo camino. Nos hemos dado cuenta de que, de la misma forma que España hizo su transición hace 30 años, es el momento para Cataluña de hacer su propia transición nacional. Para nosotros es la única vía libre, que nos permitirá alcanzar un bienestar colectivo proporcional a nuestra capacidad de producción; una justicia social que dependa más de las decisiones autónomas de las instituciones catalanas y de los valores compartidos del pueblo catalán; y una identidad cultural que podemos proyectar en todo el mundo.

Transición nacional significa, específicamente, dar la voz al pueblo para que libremente pueda decidir su futuro. Queremos basar nuestra transición nacional en el derecho de autodeterminación, que implica soberanía y democracia, y que debemos afrontar con un espíritu pacífico, con una mayoría sólida y al mismo tiempo con un gran respeto por la minoría.

Cataluña está viviendo momentos excepcionales y necesita decisiones excepcionales. Por esa razón decidí anticipar las elecciones, para que la gente pudiera expresarse. Propuse convocar un referéndum en esta legislatura para que el pueblo de Cataluña pueda libre y pacíficamente decidir su futuro como nación.

Éste es ahora el tema central en Cataluña. Una Cataluña que sufre, como el resto de los países de Europa, las duras consecuencias de la crisis financiera; que sufre las consecuencias de tener que reducir drásticamente el gasto público para cumplir con unos objetivos impuestos por España de forma desproporcionada, injusta y desleal; y que sufre las consecuencias de tener que cargar con la devolución de una deuda de enormes dimensiones. Y además tiene que afrontar esta compleja y difícil situación sin ninguna de las herramientas que los estados tienen a su alcance, y con la creciente sensación de que el estado que hemos ayudado a construir ni nos protege, ni nos defiende, ni nos respeta.

La falta de instrumentos y herramientas nos impide responder satisfactoriamente a los problemas de nuestra gente, a pesar de que tenemos la capacidad necesaria y los recursos para encarar los retos actuales. Hemos de ser capaces de decidir si queremos ser responsables de nuestras decisiones y si queremos continuar dentro de un estado que quiere minimizar nuestra nacionalidad, obstaculizar nuestro crecimiento económico e interferir en el mantenimiento de nuestro bienestar.

Por lo tanto, durante esta legislatura que acaba de empezar en Cataluña, nosotros los catalanes seremos llamados a las urnas para ser consultados sobre nuestro futuro político y nacional. Este referéndum se celebrará dentro del marco legal y con el explícito deseo de llegar al mayor consenso posible entre las fuerzas políticas y sociales del país. Al mismo tiempo, mientras nos preparamos para el referéndum, el Gobierno de Cataluña trabajará para definir y desarrollar las estructuras de estado que debemos tener preparadas para este nuevo escenario, dedicará sus esfuerzos a explicar a Europa y al mundo el proceso democrático que hemos iniciado y para dejar muy claro que simplemente aspiramos a ser un país normal en la Unión Europea.

En Cataluña, afrontamos un momento crucial y una época vital en nuestra historia y lo hacemos convencidos de que nuestro país se beneficiará. Es nuestra obligación y nuestra responsabilidad dejar a las futuras generaciones un país del que se sientan profundamente orgullosas.

Cataluña: Nuevo estado de Europa

Carme Forcadell Lluís

Licenciada en Filosofía y en Ciencias de la Comunicación y Máster en Filología Catalana por la Universidad Autónoma de Barcelona. Catedrática de Enseñanza secundaria. Trabaja en el Departament d'Ensenyament *de la* Generalitat de Catalunya *desde el año 1985, coordinadora de normalización lingüística del* Servei d'Ensenyament del Català *y actualmente es asesora de lengua, interculturalidad y cohesión social. Ha publicado diversos libros sobre pedagogía y un diccionario. Ha colaborado en diversos medios de comunicación. Desde hace años trabaja en diversas entidades sociales y culturales. Estuvo desde el inicio en la* Coordinadora Nacional *de las consultas por la independencia. Actualmente es miembro de la* Comissió de la Dignitat, *vicepresidenta de la* Plataforma pel Dret de Decidir, *es miembro de la ejecutiva de la* Plataforma per la Llengua *y presidenta de la* Assemblea Nacional Catalana.

Desde el 11 de septiembre del año 1714, y como consecuencia de una derrota militar, Cataluña forma parte del Reino de España. Por este motivo cada 11 de septiembre conmemoramos nuestra Fiesta nacional—no para recordar nuestra derrota, sino todo lo contrario—para revivir que, a pesar del sufrimiento posterior y de los diversos intentos de hacernos desaparecer, aún existimos. Durante estos casi 300 años en que Cataluña ha formado parte del Estado español hemos intentado diversas veces recuperar las libertades nacionales que perdimos por la fuerza de las armas, pero hasta ahora, en el siglo XXI, no hemos tenido las condiciones políticas, sociales, culturales y económicas necesarias para conseguir la independencia.

El 11 de septiembre de 2012 más de un millón y medio de personas salimos a las calles de Barcelona para manifestarnos detrás de una pancarta que decía: *Cataluña nuevo estado de Europa*. Una manifestación de un millón y medio de personas en un país de 7.500.000 habitantes se puede calificar de una de las manifestaciones más grandes de la historia, por no decir la más grande. Si a esto añadimos que la manifestación transcurrió de manera absolutamente democrática y pacífica y que fue convocada por la sociedad civil, aún es más extraordinaria.

La manifestación fue convocada por la *Assemblea Nacional Catalana* (ANC), una entidad formada por personas de diferentes ideologías y de diferentes clases sociales que perseguimos un único objetivo: la independencia de Cataluña. Nos disolveremos una vez lo hayamos conseguido. La ANC se constituyó formalmente seis meses antes de la manifestación, el 10 de marzo del 2012. Aunque estábamos trabajando en este proyecto desde dos años antes, yo me incorporé a petición de Miquel Strubell, uno de los fundadores de la *Assemblea*, cuando éramos solamente 20 personas.

Desde el inicio todos teníamos claro que el objetivo de la ANC tenía que ser conseguir la independencia de Cataluña, por tanto lo único que teníamos que decidir era el cómo y el cuándo, por eso hicimos una hoja de ruta donde explicábamos los pasos necesarios para conseguir este objetivo. Una de las primeras propuestas que surgió fue organizar la manifestación del 11 de septiembre, *Diada* nacional de Cataluña. Queríamos hacer una *Diada* diferente, en la que por primera vez los partidos políticos independentistas y las entidades de la sociedad civil organizásemos una manifestación conjunta, en lugar de hacerlo cada uno por su lado como cada año.

Teníamos claro que la manifestación debía ser unitaria, multitudinaria y pacífica y teníamos que conseguir unir a todos los partidos y entidades que queremos que Cataluña tenga un estado, para mostrar la fuerza de nuestro proyecto a nosotros mismos y al mundo. El Gobierno de Cataluña pidió, públicamente, que la manifestación fuese a favor del *pacto fiscal*, que era una propuesta económica que el Gobierno autonómico catalán tenía que negociar aquel mismo mes con el Gobierno español. La ANC se opuso a la propuesta; habíamos decidido que sólo saldríamos a la calle para pedir la independencia, lo habíamos aprobado en nuestra asamblea constituyente, lo teníamos en nuestra hoja de ruta y estábamos convencidos de que era lo que quería el pueblo de Cataluña.

Al día siguiente del 11 de septiembre el mensaje tenía que ser claro y contundente a favor de la independencia. Teníamos que demostrar al mundo que queríamos un estado catalán y eso solo lo podíamos hacer si nos manteníamos firmes en el objetivo de la manifestación y en el texto de la pancarta. Sabíamos que la manifestación sería muy importante porque desde diversos lugares del país nos informaban que se estaban llenando autobuses para ir a Barcelona, en todos los actos que celebrábamos para explicar por qué queríamos ser independientes y para pedir que se manifestasen con nosotros, había muchísima gente entusiasmada e ilusionada, y en todas partes adonde íbamos teníamos una respuesta muy positiva. Nuestra intuición nos decía que sería un éxito.

Nos preocupaba el número de asistentes, tenía que ser una manifestación muy importante, la más grande de la historia de Cataluña. Aunque había habido otras manifestaciones importantes en Barcelona, también para defender nuestros derechos nacionales, esta tenía que serlo aún más. Teníamos que demostrar que una mayoría de catalanes y catalanas queremos la independencia. La otra preocupación y para mí la más importante era garantizar la seguridad de todos los participantes. Tenía que transcurrir todo de manera pacífica y festiva. Sabíamos que si había algún incidente el objetivo de la manifestación quedaría desdibujado, la imagen que se vería y que quedaría en el mundo sería la de los incidentes violentos o contrarios a la manifestación. Pero todo salió como estaba previsto y el pueblo catalán demostró su madurez y su civismo.

Habíamos pedido por carta al Presidente de la Generalitat y a la Presidenta del Parlamento catalán que nos recibiesen el mismo día de la manifestación para exponerles nuestra hoja de ruta, cuya propuesta más importante era hacer una consulta para que el pueblo catalán pudiese decidir su futuro. El Presidente nos dijo que no nos recibiría, pero la Presidenta del Parlamento accedió a nuestra petición. Era la primera vez que los portavoces de una manifestación serían recibidos en el Parlamento de Cataluña por su Presidenta. Nosotros sabíamos que si la manifestación era lo suficientemente importante el Presidente también nos recibiría, si no aquel día, poco después.

Y así sucedió. Dos días más tarde nos recibió el Presidente Artur Mas. Fue una reunión muy cordial. Le explicamos que estábamos dispuestos a trabajar por la independencia y a apoyar al Gobierno si nos demostraba que también quería un estado catalán. El presidente nos dijo que tenía un compromiso electoral y un acuerdo con el Parlamento catalán para ir a Madrid a hablar con el Presidente del Gobierno español, para negociar un pacto fiscal que acabase con el expolio que padece Cataluña desde hace muchos años.

Para la ANC el viaje a Madrid no tenía ningún sentido, lo considerábamos una pérdida de tiempo, pero respetamos la opinión del Presidente. Estuvimos hablando durante un buen rato sobre qué plazo de tiempo dábamos a estas negociaciones antes de continuar nuestras movilizaciones a favor de un estado propio. Todos considerábamos que el señor Rajoy, Presidente del Gobierno español, pediría tiempo para poder estudiar la propuesta y la ANC no quería que este tiempo se alargase más de dos meses. Por suerte para nosotros, el señor Rajoy negó rotundamente a Cataluña la posibilidad de tener un acuerdo fiscal justo y esta negativa cambió nuestra historia, hizo que el presidente Mas, presionado por la manifestación y sin ninguna alternativa viable que justificase la continuidad del Gobierno, convocase unas elecciones anticipadas que se celebraron dos meses después, el 25 de noviembre.

En estas elecciones los partidos políticos tuvieron que decir, porque la sociedad civil lo pedía, si estaban o no a favor de hacer una consulta sobre la independencia de Cataluña. En estas elecciones el pueblo de Cataluña volvió a demostrar que quiere un estado propio: los dos partidos políticos más votados en estas elecciones están a favor del estado propio y por lo tanto ahora tenemos un Gobierno que se ha comprometido a hacer la consulta. La *Assemblea Nacional Catalana* se ha comprometido a apoyarle para que pueda hacerla y continuaremos trabajando en nuestra hoja de ruta, la cual, después de que el Gobierno asumiese la consulta, está especialmente centrada en ensanchar la mayoría social favorable a la independencia. Si es necesario volveremos a salir a la calle para continuar nuestra lucha a favor de la libertad de nuestro pueblo.

En Cataluña estamos viviendo uno de los años más apasionantes de nuestra historia. Será un año difícil y complicado porque estamos sufriendo una crisis económica como todo el sur de Europa, agravada por el ahogo económico que nos impone el Estado español. Pero a pesar de todo, la sociedad catalana está ilusionada y esperanzada en el futuro porque por primera vez podemos conseguir el sueño de tantos y tantos catalanes. Podemos recuperar la libertad que nos quitaron el año próximo hará 300 años. El Estado español ya ha dicho que no podemos hacer la consulta, que no podemos decidir nuestro futuro porque no es legal, porque las leyes españolas están en contra. De hecho, muchas de las leyes españolas, entre ellas la constitución, están hechas expresamente para que los catalanes no podamos decidir nuestro futuro. Están hechas en contra de las minorías.

Para la ANC los argumentos del Estado español en contra de celebrar la consulta no son válidos. Las leyes se pueden cambiar. De hecho si no se hubiesen cambiado las mujeres aún no podríamos votar porque también era ilegal. Las leyes han de estar al servicio de las personas y de los pueblos. La democracia ha de estar por encima de las leyes.

Cataluña, un país mediterráneo entre España y Francia, quiere decidir su futuro de manera absolutamente democrática y pacífica, tal como lo ha demostrado al mundo. Es tanta su voluntad de ser y su fuerza que después de 300 años de dominación aún continúa manteniendo sus sueños de libertad intactos. Quiere formar parte de los pueblos libres del mundo y para poder conseguirlo confía en la ayuda de los otros pueblos del mundo que también un día consiguieron su independencia, su sueño de libertad.

2013: el año de la transición hacia el referéndum por la independencia

Oriol Junqueras

Alcalde de Sant Vicenç dels Horts, Presidente de Esquerra Republicana de Catalunya desde octubre de 2011, diputado y líder de la oposición en el Parlamento de Cataluña. Licenciado en Historia Moderna y Contemporánea y doctor en Historia del Pensamiento Económico. Hasta finales de 2012, en la Universidad Autónoma de Barcelona, daba clases, entre otras materias, de "Historia premoderna de Asia Oriental" y "Las bases del Mundo Moderno". Diputado al Parlamento europeo desde julio de 2009 hasta diciembre de 2011, como candidato independiente de ERC encabezando la coalición "La Europa de los pueblos".

El 25 de noviembre de 2012 Cataluña celebró lo que esperamos que sean las últimas elecciones autonómicas. Se llegó a ellas después de la mayor manifestación jamás vista en Cataluña, con un millón y medio de catalanes proclamando por las calles de Barcelona su deseo de independencia, la voluntad de tener su propio estado en el marco de la Unión Europea y de la comunidad internacional.

Durante toda la campaña electoral, Esquerra Republicana de Catalunya, el partido con más historia del país—fundado en 1931—y el que históricamente ha defendido la independencia de Cataluña, insistió en el carácter plebiscitario de aquellas elecciones y en la necesidad de que los catalanes votaran para que al día siguiente de las mismas nadie les abaratara los sueños de libertad que en aquellos momentos, después de la manifestación, parecían más reales que nunca.

Y así fue. El resultado de las elecciones del 25 noviembre hizo imprescindible que los que queremos hacer realidad una Cataluña soberana tengamos que entendernos. El mandato de las urnas fue muy claro: hace falta un liderazgo plural para ejercer el derecho a decidir y, al mismo tiempo, aplicar alternativas económicas más justas y eficaces para poder salir de la crisis. Y este es, precisamente, el objetivo del pacto acordado entre los dos principales partidos de Cataluña, CiU, que con cincuenta diputados es claramente el primer partido del país, y Esquerra, que con veintiún diputados es la segunda fuerza y quien lidera la oposición.

Estamos convencidos de que en un momento tan importante como el actual, en el que confluyen la dureza de una crisis económica profunda con el proceso más importante que una nación puede llevar a cabo—convertirse en estado—es preciso que exista un gobierno fuerte, y ello implica que tenga un apoyo parlamentario sólido en aquellas decisiones más importantes y trascendentales para el país. Por ello, los grandes acuerdos de este pacto consisten, por un lado, en afrontar la crisis económica a partir de una política fiscal que reduzca los recortes presupuestarios estableciendo nuevos impuestos a sectores que todavía tienen capacidad de pago: la banca, las centrales nucleares, los grandes patrimonios o las superficies comerciales.

Por otro lado, se han acordado los pasos a seguir para poder celebrar la consulta sobre la independencia en 2014. Estos pasos, que deberán llevarse a cabo a lo largo de 2013, deberán hacer posible que en 2014 estemos en disposición de celebrar el referéndum por la independencia. Ello significa buscar y garantizar el marco legal que lo ampare (catalán, español o internacional) y al mismo tiempo negociar los términos con los que hay que realizar la consulta, como por ejemplo están haciendo Escocia y el Reino Unido.

A la vez, es imprescindible que este acuerdo se siga construyendo cada día y que se abra a las otras formaciones políticas del Parlamento de Cataluña y, aún más importante, al conjunto de la sociedad catalana: sindicatos, patronales, universidades, entidades y organizaciones, etc. De hecho, para superar con éxito las enormes dificultades de los próximos meses y hasta llegar al referéndum, necesitaremos un contrato programa, un compromiso conjunto de país que nos permita dibujar unos horizontes comunes de futuro.

Este contrato programa tiene que servir para vincular la recuperación de los ingresos fiscales que se produzcan en el futuro a políticas e inversiones concretas que permitan recuperar el gasto y la inversión pública, que permitan defender, mejorar y ampliar el estado del bienestar, hacer políticas activas para el crecimiento económico y para la promoción del empleo y que, al mismo tiempo, permitan revertir progresivamente buena parte de los recortes presupuestarios que se han aplicado hasta este momento. Estos horizontes, estos compromisos, no podrán ser de carácter temporal, porque hay muchos elementos que no dependen de nosotros sino del contexto internacional y del Gobierno español y que, por lo tanto, sólo pueden tener carácter cuantitativo.

Estamos seguros de que en el marco de este contrato programa, de este gran acuerdo, encontraremos el grueso del país, y que, en todo caso, seguro que vale la pena dedicarle nuestro esfuerzo. Aunque sea, entre otras razones, porque transmitir este discurso al conjunto de nuestra ciudadanía puede ser un elemento que genere confianza entre nuestros conciudadanos en un momento en que la confianza y la certeza respecto al futuro económico es un bien muy escaso.

Muchos de nuestros conciudadanos hace mucho tiempo que no encuentran trabajo, algunos de ellos hace poco que lo han perdido, otros temen perderlo en los próximos días, otros tienen que afrontar situaciones difíciles dentro de su entorno familiar, en el ámbito de las escuelas de sus hijos o en el ámbito de la salud. Estas personas seguro que pondrán en valor la construcción de estos elementos de confianza igual que ponen una parte de sus esperanzas en la tarea que intentamos realizar todos juntos. Todas ellas merecen y necesitan saber que haremos todo lo posible para construir estos grandes acuerdos y que los compromisos de vinculación de la recuperación de los ingresos de nuestro Gobierno en políticas de defensa, mejora y ampliación del estado del bienestar, de reactivación de nuestra economía y de promoción del empleo serán merecedores de la dedicación, del esfuerzo y de la constancia de los representantes de nuestros conciudadanos.

En los meses venideros nos jugamos el futuro del país, y hará falta mucha serenidad, firmeza, esfuerzo y constancia para dirigir el destino de Cataluña hacia buen puerto. El reto es gigantesco y la oportunidad extraordinaria.

A mis amigos españoles

Salvador Garcia Ruiz

Licenciado en Economía por la Universidad Pompeu Fabra y MBA por la Stern School of Business de la Universidad de Nueva York. Garcia Ruiz ha sido consultor, banquero de inversión y emprendedor en el sector audiovisual. En los últimos años ha trabajado en los ámbitos de la educación y la investigación, y actualmente es Consejero Delegado del periódico ARA y profesor asociado de la Universidad Pompeu Fabra. Es cofundador del Col·lectiu Emma (Colectivo Emma).

Viví dos años en Madrid. Fueron dos de los mejores años de mi vida, en especial el segundo, cuando Rosa vino a vivir conmigo. A muchos os conocí entonces, a otros os he conocido en Barcelona, Nueva York, Londres u otros lugares del mundo. Sabéis—sobre todo los que estáis conectados conmigo a través de Facebook o Twitter—que soy un activista partidario de la independencia, y me consta que alguno de vosotros se sorprendió cuando lo descubrió. Otros, además de sorprendidos, quizás también estáis dolidos aunque por prudencia o amistad no me decís nada.

Soy independentista, y lo soy desde que empecé a tener conciencia política, cuando tenía 13 ó 14 años (¡y eso que iba a un colegio religioso, donde la mayoría de las clases eran en castellano y los valores estaban muy alejados del catalanismo!). No lo soy ahora como reacción a una política hostil del Estado español hacia Cataluña, y lo sería igualmente aunque Cataluña tuviera un altísimo nivel de autogobierno y respeto dentro de España. Simplemente quiero que un país que siento como mío, Cataluña, tenga el mismo reconocimiento y derechos que el país que vosotros sentís como vuestro, España. Que Cataluña sea un país normal, ni más ni menos. De hecho no me considero nacionalista catalán, simplemente catalán. Esto último ni siquiera lo entienden muchos nacionalistas catalanes: lo que quiero decir es que yo me considero catalán de la misma forma que vosotros os consideráis españoles.

Cuando fui a vivir a Madrid decidí no hablar de política. No escondía mi independentismo cuando me preguntaban, pero no quería sacar el tema de Cataluña y su forma jurídica, ya que sabía que solamente serviría para que discutiéramos sin llegar a ningún acuerdo. No creo en la pedagogía de Cataluña en España y, vistos los resultados de los que sí creían en ella, el tiempo me ha dado la razón. Una de las pocas excepciones que he hecho ha sido hablar con Luis A., uno de mis mejores amigos, a quien he explicado esto de Cataluña, el catalán y la independencia. Y me ha escuchado, aunque creo que no me ha entendido. Pero lo ha respetado, que para mí es lo más importante.

Como os decía, *full disclosure*, soy independentista y lo sería aunque Cataluña consiguiera un gran nivel de autogobierno. Pero debéis entender que el crecimiento del independentismo no es por la gente que piensa como yo, sino por aquellos que querían (y buscaban y soñaban) un encaje de Cataluña en España y han visto que éste era imposible. Creo que el error fue suyo: querían que Cataluña recaudara todos los impuestos, tuviera selecciones oficiales, que el catalán fuera oficial en el Parlamento Europeo, sentarse en el Consejo de Ministros europeo… Es decir, ser como un estado independiente sin ser un estado independiente, y eso en el mundo no existe. Y además es imposible conseguirlo dentro de España.

Hubo un intento de reformar la ley que regula nuestro autogobierno, el Estatut, pero no sirvió para nada, excepto para aumentar la frustración de muchos catalanes: seguimos las reglas del juego, se aprobó en el Parlamento catalán, en el Congreso y el Senado españoles, en un referéndum... y el Tribunal Constitucional español se lo cargó. Y eso que ya se lo "habían cepillado" (como dijo Alfonso Guerra, un alto dirigente del partido socialista español) en el Congreso. Eso fue un punto de inflexión para muchos. Y lo que ha pasado en los dos últimos años lo ha rematado y ha situado a mucha gente en un punto de no retorno respecto a su actitud hacia España: "no nos quieren, mejor que nos vayamos". Hay más: podríamos hacer una lista de agravios, como la relación financiera entre Cataluña y el Estado, incumplimientos del Estado con Cataluña, la judicialización y el ataque permanente al catalán en las escuelas, la sensación de que los catalanes somos usados para ganar votos, etc. Seguramente me diréis que no compartís estos argumentos y me daréis otros sobre lo mal que hacemos algunas cosas los catalanes. Y no nos pondremos de acuerdo en nada, excepto en que lo nuestro—la relación Cataluña-España—no funciona.

El sentimiento independentista ha crecido como reacción a la contra, lo que es una lástima, pero está aquí para quedarse. Yo era independentista antes de descubrir que la independencia tenía muchas ventajas para Cataluña y que nuestro encaje en España era imposible. Pero es que ahora, más allá del sentimiento, lo racional es ser independentista. Incluso si vosotros fuerais catalanes quizás también lo seríais, quién sabe. Muchos catalanes "muy normales", nada radicales, que hasta hace poco no defendían la independencia, la ven ahora como imprescindible. Y así se han expresado en las urnas, con un apoyo mayoritario a los partidos a favor de que Cataluña sea un nuevo estado independiente, y probablemente pasaría lo mismo en un referéndum en el que los catalanes pudiéramos votar en libertad (lo que sería normal en cualquier democracia, pero que el Estado español niega a Cataluña).

Seremos buenos vecinos. Lo de ahora no funciona: Cataluña quiere más autogobierno y España no quiere más descentralización. ¿Por qué España tiene que ser como quieren los catalanes? No tiene sentido. España que sea como quieran los españoles, más o menos centralizada, con su monarquía, sus símbolos y sus prioridades. Y Cataluña que sea lo que queramos los catalanes. Cada uno lo que quiera, sin imponer nada al otro.

Es una lástima que las voces contra la independencia de Cataluña que llegan desde España sean sobre todo en forma de amenazas. Incluso algunos catalanes que legítimamente están contra la independencia se sienten violentos con los argumentos que se utilizan desde fuera de Cataluña para rechazarla. Me habría gustado oír algún argumento del estilo: "queremos que os quedéis porque os queremos". O aún mejor: "decidid qué queréis ser, y nos gustaría que eligierais seguir con nosotros".

Da igual. Lo que tenemos que evitar, no obstante, es que defender el proyecto propio (en mi caso la independencia; en el vuestro—no lo sé—el rechazo a la independencia o que los catalanes decidamos) se haga sin faltar al respeto al otro. De hecho, mi independentismo no se basa en ser antiespañol, sino simplemente en ser catalán. Y desearía que la oposición a la independencia no se basara en la amenaza política, judicial o militar, algo que me preocupa mucho.

Quería escribir estas líneas para (intentar) explicaros qué está pasando en Cataluña y cómo lo estoy viviendo. Es complicado y espero que haya servido para algo. En cualquier caso no os pido que lo entendáis, solamente que lo respetéis.

Seremos buenos vecinos. De hecho hoy, más allá de la política, somos buenos amigos.

Un abrazo.

Las finanzas del Gobierno catalán: una asfixia premeditada

Elisenda Paluzie

Profesora titular de economía en la Universidad de Barcelona desde 2001, y decana de la Facultad de Economía y Empresa desde 2009. Máster en Economía Internacional y Desarrollo por la Universidad de Yale (1996) y doctora en Economía por la UB (1999). Ha publicado artículos en revistas académicas, informes y libros sobre comercio internacional, geografía económica, balanzas fiscales y el sistema de financiación autonómico.

Desde el proceso de transición a la democracia a finales de los 70, España se ha organizado como un estado descentralizado. No es federal, pero hay un importante grado de descentralización política. El país está organizado en diecisiete comunidades autónomas, cada una con su propio Parlamento y diferentes niveles de poder legislativo. El modelo de descentralización fiscal es asimétrico, con dos sistemas: el régimen común y el foral, este último instituido sólo para el País Vasco y Navarra.

Bajo el régimen foral, el País Vasco y Navarra se rigen por un acuerdo económico (Concierto o Convenio) que les otorga la potestad de recaudar y regular todo su sistema tributario. La contribución del País Vasco al Gobierno central para cubrir los gastos comunes es lo que se llama "cupo"; y en el caso de Navarra, la "cuota". Por tanto, estas comunidades autónomas tienen soberanía fiscal.

El régimen común regula el sistema tributario de otras quince comunidades autónomas, incluida Cataluña. Es básicamente un modelo unitario descentralizado, que ha evolucionado con el tiempo y que se caracteriza por la descentralización de los grandes gastos, pero una soberanía fiscal baja en los ingresos. La participación en impuestos estatales y las transferencias son las piezas clave de este modelo.

Mediante el régimen común ha tenido lugar a lo largo de los años un importante proceso de redistribución interregional. Para medir ese grado de redistribución regional se calcula la balanza fiscal: la diferencia entre lo que una comunidad recauda y lo que el Gobierno gasta directamente en esa comunidad. Si la balanza fiscal es negativa, se dice que esa comunidad tiene déficit fiscal. Si es positiva, tiene superávit fiscal. El déficit fiscal catalán ha aumentado con el tiempo y se sitúa de media en el 8% del PIB catalán, una cifra que es particularmente elevada para los estándares internacionales. Mientras que como comunidad autónoma relativamente rica (la cuarta en PIB per cápita), las aportaciones netas de Cataluña a otras comunidades pueden ser comprensibles, su magnitud no es razonable. La Tabla 1 muestra las balanzas fiscales de todas las comunidades autónomas en 2005 en función del flujo monetario (*cash flow*) y según cálculos del Instituto de Estudios Fiscales, una institución vinculada al Ministerio de Hacienda español. Según estas estimaciones, el déficit fiscal de Cataluña es considerable (casi el 9% del PIB catalán, 15.000 millones de euros en 2005).

Tabla 1. Balanzas fiscales de las comunidades autónomas, 2005

	Enfoque del flujo monetario (en millones de euros)	Enfoque del flujo monetario (en % del PIB)	Ránquing PIB per cápita
1. Islas Baleares	− 3.191	− 14,2	7
2. Cataluña	− 14.808	− 8,7	4
3. Valencia	− 5.575	− 6,3	13 (inferior a la media)
4. Madrid	− 8.911	− 5,6	1
5. Navarra	− 488	− 3,2	3
6. Murcia	− 499	− 2,1	15 (inferior a la media)
7. País Vasco	− 758	− 1,3	2
8. La Rioja	+ 44	+ 0,7	6 (inferior a la media)
9. Islas Canarias	+ 590	+ 1,6	14
10. Aragón	+ 510	+ 1,8	5 (inferior a la media)
11. Castilla–La Mancha	+ 1.103	+ 3,5	17
12. Andalucía	+ 5.729	+ 4,5	18
13. Cantabria	+ 571	+ 5,0	8 (inferior a la media)
14. Castilla-León	+ 3.692	+ 7,6	11
15. Galicia	+ 3.807	+ 8,2	16
16. Asturias	+ 2.780	+ 14,3	12
17. Extremadura	+ 2.695	+ 17,8	19
18. Ceuta	+ 388	+ 28,6	9
19. Melilla	+ 421	+ 34,0	10

Fuente: Instituto de Estudios Fiscales, Ministerio de Economía y Hacienda (2008).

Cataluña es la cuarta comunidad en PIB per cápita, Baleares la séptima y Valencia la decimotercera, pero estas tres comunidades autónomas ocupan los tres primeros puestos en el ránquing de déficit fiscal. Hay regiones con un PIB per cápita superior a la media española como Aragón, Cantabria y La Rioja, que tienen superávit fiscal. Como se ve, el sistema no parece seguir un patrón racional. El caso de Valencia es paradigmático: esta región tiene un PIB per cápita inferior a la media española (89%) y tiene un déficit fiscal que alcanza el 6'3% de su PIB.

Sólo existen datos más recientes para Cataluña, y los ha calculado el Gobierno catalán. De media, en el período 2002-2009, Cataluña tiene un déficit fiscal del 8'6% de su PIB. En 2009, el último año publicado, la cifra ascendía a 16.400 millones de euros, es decir, 2.251 euros per cápita.

Otra forma de analizar estos datos es en términos relativos, comparando los ingresos y los gastos totales del Gobierno español. Así, durante el período

2002-2009, Cataluña aportó el 19'55% del total de ingresos del Gobierno central y la Seguridad Social, mientras que recibió el 13'5% de todo el gasto de esas administraciones. Si excluimos la redistribución personal canalizada a través de la Seguridad Social (cotizaciones sociales, pensiones y subsidios de desempleo) las cifras son aún más extremas. Cataluña aportó el 19,7% de los ingresos de la Administración central y sólo recibió el 10,31% del gasto público. Eso significa que por cada euro pagado como impuestos al Gobierno central, sólo vuelven a Cataluña 52 céntimos, mientras que otros 48 se gastan fuera de Cataluña.

El origen de este gran déficit fiscal es doble. De una parte, el Gobierno de España gasta poco en Cataluña, especialmente en infraestructuras; y de otra parte el Gobierno catalán, que es responsable de la educación, la sanidad y los servicios sociales, ha sido sistemáticamente infrafinanciado.

Echemos primero un vistazo a las inversiones del Gobierno central en infraestructuras. La Gráfica 1 muestra el porcentaje de inversiones del Gobierno español en Cataluña durante el período 1999-2012. Este porcentaje ha sido sistemáticamente inferior a la ratio de PIB catalán respecto al PIB español (18%) e incluso inferior a la ratio de población catalana respecto a la población española (15'4% en 1999, 16% en 2012).

Gráfica 1. Inversión del Gobierno central en Cataluña (porcentaje sobre el total español), 1999–2013

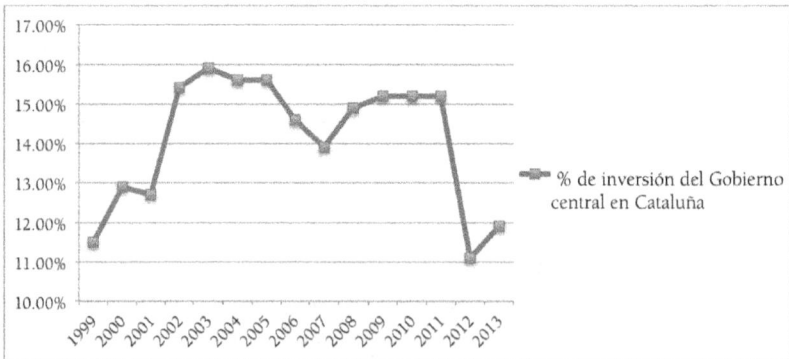

Fuente: Presupuestos Generales del Estado, 1999–2013.

Esta situación provocó la inclusión de un artículo especial en el Estatuto de Autonomía de 2006 que obligaba al Gobierno central a asegurar para los siete años siguientes (2007–2013) que la inversión en infraestructuras sería proporcional al PIB relativo. Se alcanzó un acuerdo entre los gobiernos español y catalán sobre el método para calcular las inversiones, que excluía del cálculo algunas infraestructuras, pero especificaba la obligación del Gobierno central de hacer un pago al Gobierno catalán tres años más tarde, si las inversiones no se habían ejecutado.

Un segundo objetivo de la reforma del Estatuto de Autonomía de Cataluña en 2006 era fijar un nuevo sistema de financiación para Cataluña. El proyecto de reforma aprobado originalmente por el Parlamento catalán incluía un sistema similar al concierto vasco. Sin embargo, el Parlamento español reformó esos apartados y dejó a Cataluña dentro del régimen común. A pesar de ello, el Estatuto fue aprobado en un referéndum por los ciudadanos de Cataluña en junio de 2006 y provocó la reforma de todo el sistema de financiación de las comunidades autónomas en julio de 2009. Como en reformas anteriores, la de 2009 aumentó la participación en impuestos estatales por participación tributaria y mantuvo el statu quo, evitando el descenso de ingresos de cualquier región. Todas las regiones aumentaron sus ingresos gracias a los fondos adicionales aportados por el Gobierno central (11.400 millones de euros). La reforma aumentó la participación regional sobre el IRPF y el IVA hasta el 50% y sobre los impuestos especiales hasta el 58%. Pero es importante recordar que el sistema de participación tributaria seguía sin incluir competencias sobre la recaudación y la regulación.

El nuevo fondo (antes llamado Fondo de Suficiencia) se dividió en dos partidas diferentes: el Fondo de Garantía de Servicios Públicos Fundamentales, una transferencia horizontal cuyo propósito es garantizar para todas las regiones los mismos recursos por habitante ajustado para ofrecer salud, educación y servicios sociales; y el Fondo de Suficiencia Global, cuyo propósito es garantizar la cláusula de statu quo. Además, la reforma también creó dos fondos llamados de convergencia, pensados para compensar a dos tipos de regiones: el Fondo de Cooperación para las regiones más pobres o menos pobladas; y el Fondo de Competitividad para las regiones que obtuvieran menos ingresos por habitante ajustado tras la aplicación del sistema de redistribución.

Los beneficios obtenidos por Cataluña en 2009, el primer año de la reforma, alcanzaron 1.986 millones de euros, es decir algo menos del 1% del PIB catalán. De ellos, 937 millones se obtuvieron a través del Fondo de Competitividad. En 2010, 863 millones provinieron de este fondo y 465 millones adicionales llegaron a través del Fondo de Garantía de Servicios, en total una mejora de 1.328 millones de euros.

Así, la reforma no redujo significativamente el déficit fiscal de Cataluña. Es más, fracasó en la solución de algunos de los problemas del sistema de financiación autonómica, el problema de la sobrenivelación. Se creó un sistema de nivelación destinado a dotar a las regiones con servicios comparables. Sin embargo, como ha señalado recientemente la literatura sobre economía política, una nivelación completa puede inducir a la separación de las regiones más ricas, mientras que un sistema de nivelación parcial que reduzca la distancia entre las regiones aventajadas y las desaventajadas (sin llegar a eliminar la diferencia por completo) garantiza la estabilidad del país (Le Breton y Weber, 2003; Haimanko, Le Breton y Weber, 2005).

La Tabla 2 muestra la capacidad fiscal de las comunidades autónomas, antes y después de la nivelación en 2010. El sistema español de financiación territorial claramente sobrenivela. Cataluña se sitúa en tercera posición en capacidad fiscal (impuestos transferidos o compartidos) antes de la nivelación y décima después de la nivelación. Es más, Cataluña no sólo baja posiciones en el ránquing, sino que también recibe financiación por debajo de la media.

Tabla 2. Capacidad fiscal de las comunidades
antes y después de la nivelación, 2010

	Antes de la nivelación		Después de la nivelación
1. Madrid	133,3	1. Cantabria	122,8
2. Islas Baleares	122,9	2. Extremadura	119,4
3. Cataluña	118,5	3. La Rioja	117,6
4. Aragón	114,8	4. Castilla-León	117,1
5. Cantabria	114,0	5. Aragón	113,4
6. Asturias	105,2	6. Asturias	112,9
7. La Rioja	102,3	7. Galicia	111,6
8. Castilla-León	101,2	8. Castilla-La Mancha	104,4
9. Valencia	93,9	9. Islas Baleares	99,8
10. Galicia	90,5	10. Cataluña	98,9
11. Castilla-La Mancha	86,6	11. Andalucía	94,5
12. Murcia	84,0	12. Madrid	94,4
13. Andalucía	81,0	13. Valencia	93,5
14. Extremadura	76,4	14. Murcia	93,1
15. Islas Canarias	42,1	15. Islas Canarias	88,6
Total	100,0	Total	100,0

Fuente: Ministerio de Economía y Hacienda (2012).

Además, muchos problemas están vinculados a la ausencia de capacidad recaudatoria. El Gobierno central recauda directamente el 90% de los impuestos incluidos en el sistema de financiación autonómico. Se transfieren al Gobierno catalán mediante anticipos y dos años más tarde se hace la liquidación. Esta situación genera incertidumbre sobre los ingresos efectivos de los que dispone el Gobierno catalán para financiar su presupuesto. Las previsiones de recaudación se sobrevaluaron en 2008 y 2009, por lo que el Gobierno de Cataluña tuvo que devolver 2.500 millones de euros al Gobierno central. Es más, en el pasado reciente, el Gobierno central ha actuado arbitrariamente al decidir los anticipos que se debían hacer a las comunidades autónomas. Por ejemplo, en 2009 y 2010 se hicieron anticipos sobre los Fondos de Competitividad (que supone la mitad de los ingresos del nuevo sistema de financiación para Cataluña), mientras que en 2011 y 2012 el Gobierno decidió no avanzar esos fondos y pagarlos dos años más tarde. Esto fue especialmente duro en esos años, cuando la consolidación fiscal implicó ajustados objetivos de déficit, y de hecho fue una forma de derivar el déficit público desde el Gobierno central hacia el Gobierno catalán.

Además, el Gobierno central no realizó las transferencias acordadas para infraestructuras según lo dispuesto en el Estatuto de Autonomía. Esta deuda suma 719 millones de euros por las infraestructuras no ejecutadas en 2008, 211 millones de euros por las de 2009 y 719 millones por las de 2010. Por tanto, en 2013 por estos conceptos se le deben al Gobierno catalán 1.700 millones de euros.

Finalmente, otro tema de encendido debate ha sido el reparto de los objetivos de déficit fiscal entre los diferentes gobiernos. Cuando la UE relajó los objetivos de déficit para 2013 y se fijó para España un nuevo objetivo de déficit del 4'5% del PIB, el Gobierno español distribuyó el objetivo como sigue: 3'8% del PIB para el Gobierno central y el 0'7% para las comunidades autónomas. El Consejero de Economía del Gobierno catalán, Andreu Mas-Colell, reclamó que, dado que el gasto autonómico es un tercio del gasto total, un reparto razonable sería un tercio para las comunidades y dos tercios para la administración central. Esto hubiera supuesto en aquel momento un objetivo de déficit del 1'5% para las comunidades y un 3% para el Gobierno central. En Cataluña, un objetivo de déficit del 0'7% del PIB para 2013 implicaba un enorme objetivo de déficit primario. (Dado que el pago de intereses en 2013 será de 2.200 millones de euros y que el 0'7% del PIB ronda los 1.400 millones, eso significa que el déficit primario—es decir, la diferencia entre el gasto y los ingresos por impuestos, sin contar el pago de intereses—estaría alrededor de 800 millones de euros). En la actual recesión, la exigencia del límite era descabellada y hubiera puesto a Cataluña en una situación mucho más precaria que el abismo fiscal que afrontaba en la misma época Estados Unidos. Finalmente, la UE, a la luz del empeoramiento de las perspectivas económicas españolas, flexibilizó todavía más la senda de consolidación fiscal exigida, fijando finalmente el objetivo de 2013 en el 6,5% del PIB. De nuevo, el reparto entre niveles de gobierno perjudicó a las comunidades autónomas, para las que se estableció un objetivo del 1,3% del PIB mientras que el Gobierno central se otorgó un objetivo del 5,2% del PIB. El nuevo reparto quedó muy lejos de la propuesta un tercio/dos tercios, que hubiera significado un objetivo del 2,16% para las comunidades autónomas, que prestan los servicios sociales básicos del estado del bienestar. De hecho, el gobierno central retiene un 80% del objetivo de déficit. Se permitió una cierta asimetría (en función de los déficits de partida) para las comunidades autónomas, las cuáles en conjunto deben ajustar el déficit al 1,3% del PIB, quedando establecido el objetivo para Cataluña en un 1,56% del PIB.

El conflicto en la relación entre Cataluña y España no es sólo una cuestión económica. Sin embargo, la cuestión económica es sintomática del resto de la relación, caracterizada por la dominación, el engaño y la falta de respeto de la nación dominante hacia la que fue conquistada hace trescientos años.

Referencias

Departament d'Economia i Finances (2009) *Metodologia i càlcul de la balança fiscal de Catalunya amb l'administració central* 2002-2005. Grup de Treball per a l'actualització de la balança fiscal de Catalunya. Monografies, núm. 10.

Haimanko, O., Le Breton, M. y Weber, S. (2005) "The stability threshold and two facts of polarization", CEPR Discussion Papers No. 5098, CEPR, Londres, Reino Unido.

Le Breton, M. y Weber, S. (2003) "The art of making everybody happy: how to prevent a secession", IMF Staff Papers Vol. 50, No. 3.

Ministerio de Economía y Hacienda (2012). Liquidación de los recursos del sistema de financiación de las comunidades autónomas de régimen común y ciudades con estatuto de autonomía y de las participaciones en los fondos de convergencia autonómica, regulados en la Ley 22/2009, de 18 de diciembre, correspondientes al ejercicio 2010.

Trías Fargas, Ramon (1985) *Narració d'una asfixia premeditada. Les finances de la Generalitat de Catalunya.* Reeditado en 2011. Editorial Afers, Valencia.

Siempre estuvo ahí

F. Xavier Vila

Profesor titular de la Universidad de Barcelona, Vila es licenciado en Filología Catalana por la UB y doctor en Lingüística por la Vrije Universiteit Brussel. Primer director de la Red de Investigación CRUSCAT en sociolingüística, actualmente es el director del Centro Universitario de Sociolingüística y Comunicación de la Universidad de Barcelona (CUSC-UB). Ha publicado una amplia gama de libros y artículos especializados en las áreas de sociolingüística, demolingüística y política lingüística en relación con el catalán y con otras comunidades lingüísticas medianas y minoritarias. Su último libro es Survival and Development of Language Communities. Perspectives and Challenges *(Multilingual Matters, 2013).*

Cuando uno llega a un aeropuerto de Cataluña, pronto se da cuenta de que las lenguas en las que se le recibe no son dos, como en la mayoría de las ciudades europeas, sino tres: castellano, inglés y catalán. A primera vista, el viajero puede tener la tentación de creer que esta presencia del catalán es una simple concesión al orgullo local. Pero durante su viaje al hotel, el recién llegado se apercibe rápidamente de que este no es el caso. De hecho, la mayoría de la información escrita en los anuncios comerciales, las indicaciones viarias, los topónimos, los nombres de las calles, etc., están escritos al menos, y a menudo exclusivamente, en catalán. Por descontado, el catalán no es la única lengua con la que se encuentra el visitante: en el hotel le podrán atender en varios idiomas, en la mayoría de los restaurantes turísticos y de cierto nivel le ofrecerán un menú plurilingüe, y un gran porcentaje de la música que oirá por la radio consistirá en grandes éxitos internacionales. Obviamente, si el visitante es hispanohablante se podrá comunicar prácticamente con todo el mundo en castellano, que es como ahí siempre se ha denominado al español. Pero si se mantiene alerta y presta atención, pronto verá como poco a poco se revela ante sus ojos un paisaje lingüístico complejo y fascinante, un caleidoscopio en el que el catalán es una pieza crucial.

De hecho, si nuestro visitante sale del hotel y empieza a escuchar a la gente por la calle, pronto se dará cuenta de que un gran porcentaje de ellos hablan catalán de entre sí. Ciertamente, no lo habla todo el mundo: la mayoría de las muchas personas venidas de fuera de Cataluña se comunican en castellano, si no es que lo hacen en su propio idioma. El viajero no debe esperar pues oír masivamente el catalán en los barrios donde se establecieron las antiguas inmigraciones murcianas y andaluzas, o allá donde se concentran las más recientes venidas de Latinoamérica, Asia o África. Deberá tener también en cuenta que es muy frecuente que los autóctonos se dirijan a los forasteros en castellano. Pero a pesar de la predisposición de los lugareños a adaptarse lingüísticamente, el visitante constatará que ello no significa que los catalanes hayan abandonado su lengua, el catalán.

Bien al contrario, el visitante rápidamente percibirá que el catalán es usado en todos los ámbitos sociales, desde el hogar hasta el Parlamento, en los patios, en el trabajo y en el hospital. El catalán es el vehículo principal de la educación en las escuelas y en las universidades, es la lengua usada por los científicos al realizar sus investigaciones, pero también por los asistentes sociales en sus reuniones de trabajo. Es la lengua de funcionamiento externo e interno del FC Barcelona, del Liceo—la ópera de Barcelona—y de todos los museos. Es el idioma de la mayoría de las producciones teatrales locales, de cientos de grupos de música, y de las emisoras de radio más populares. El catalán se encuentra entre los 20 idiomas más utilizados en internet, y hay una versión en catalán del software más popular, ya sea Windows, Office, YouTube o Twitter. Ciertamente, no todo el mundo

en Cataluña domina el catalán: de acuerdo con los datos oficiales EULP 2008, el 94,6% de los residentes mayores de 14 años declararon que podía entenderlo, mientras que el 78,3% decía saberlo hablar, el 81,7% lo sabía leer, y el 61,8% lo sabía escribir. Pero es que Cataluña es una sociedad de inmigración: según esa misma investigación, que representa bastante bien a la población general, sólo el 58% de los encuestados nacieron en Cataluña, el 24% en otras partes de España, básicamente en regiones castellanohablantes, y el 17% en el extranjero. O sea que son muchos los nacidos fuera que lo han aprendido. Al fin y al cabo, Cataluña es una de las sociedades más profundamente bilingüizadas de Europa, y es que el catalán, a pesar de una serie de problemas, no se enfrenta en ningún caso a una desaparición inminente. De hecho, el catalán es una lengua vibrante que atrae cada día a nuevos usuarios: la mitad de los casi 5,7 millones de sus hablantes en Cataluña no la aprendió de sus padres, sino más bien de sus amigos, en la escuela, en el trabajo, en la universidad, etc. La hablan un 60% de los nacidos en otras partes de España y un 42% de los nacidos en el extranjero. De hecho, a pesar de que, en términos familiares, gran parte de la población nacida en Cataluña tiene raíces familiares fuera del territorio, la identificación de la población con el catalán es muy alta: a la pregunta de "¿cuál es su lengua?" seis de cada diez autóctonos responden "catalán" y uno de cada diez responde "catalán y castellano".

Lengua de identificación de los residentes en Cataluña

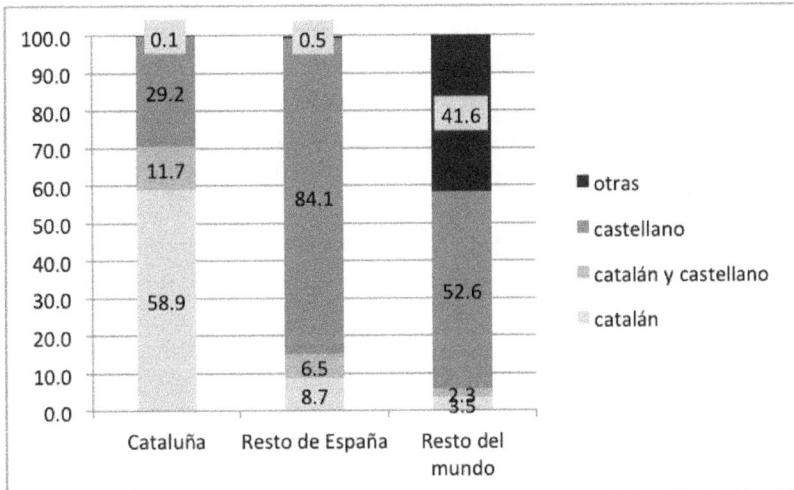

Fuente: Torres (2011: 85), sobre la base de EULP 2008[1]

---

1 Fuente: Los autores crearon la gráfica a partir de datos de EULP de 2008 y Sorolla (2011). Contexto demográfico y económico. La evolución de la comunidad lingüística. En: Pradilla, M. À. y Sorolla, N. (eds.) *Informe sobre la situació de la llengua*

La posición del catalán en Cataluña, una lengua sin estado propio, es en muchos aspectos singular. ¿Cómo se ha llegado a esta situación? Para explicarlo, no nos vendrá mal aclarar un par de nociones de lingüística y de historia. Especialmente en Europa, hay mucha gente que tiende a establecer inconscientemente una correspondencia simple que fija que a cada país le corresponde su idioma. Para esa gente, lo normal es que en Francia se hable francés, en Alemania alemán, en Suecia sueco, y todo lo que se sale de esa norma tiende a verse como una excepción, una rareza histórica, que muchas veces se atribuye a la mezcla. De acuerdo con esa lógica, si el catalán es algo distinto del castellano, quizá se deba a que es una mezcla entre este último y algún otro idioma, como el francés o el italiano. Pues bien, por simple que parezca, esta regla es fundamentalmente errónea, como demuestra la simple constatación de que en el mundo hay unas 6.000 lenguas y solo unos 200 estados. Y es que, en realidad, los idiomas no derivan de los países, sino más bien al revés. Las lenguas estaban allí antes de que se crearan los actuales estados: el alemán, el italiano y el catalán existieron antes de que se crearan Alemania, Italia o España.

Si no es una mezcla, entonces, ¿qué es el catalán? Pues una lengua como cualquier otra, aparecida en los territorios que hoy llamamos Cataluña en la Edad Media. Más concretamente, el catalán se deriva del latín que se extendió en esos territorios dos milenios atrás cuando el imperio romano lo impuso a los nativos. En términos históricos, pues, el catalán no es más que la lengua propia de Cataluña, la lengua que ha sido usado sin interrupción por casi todos los autóctonos desde que el latín, hace más de mil años, se convirtió en las lenguas romances. Desde entonces, los catalanes han hablado catalán en casa, en el trabajo y en el deporte, en las tabernas, en los tribunales y en las iglesias, en él han compuesto sus canciones y han visto el teatro, en catalán han redactado sus testamentos, sus leyes, sus poemas y sus novelas. De hecho, hasta el siglo XX, la gran mayoría de los catalanes han sido monolingües en su lengua. En este sentido profundo, pues, la historia del catalán no es fundamentalmente diferente de la de muchos otros idiomas "normales" de Europa.

Pero hay una diferencia fundamental entre la historia del catalán y la de otras lenguas europeas, y tiene que ver con su relación con el Estado. Los catalanes empezaron a escribir su lengua más o menos al mismo tiempo que los portugueses, los italianos o los castellanos. De hecho, el catalán como lengua escrita vivió una época dorada en los siglos XIV y XV, cuando no sólo era la lengua oficial y administrativa principal de la poderosa Corona de Aragón, sino también una potente lengua literaria e incluso científica. Pero el catalán como lengua culta

---

catalana (2008–2010). Barcelona: Observatori de la Llengua, página 1. Según Sorolla (2011:10) el número total de hablantes de catalán es de 9,7 millones.

experimentó dos crisis sucesivas. La primera tuvo lugar a principios del siglo XVI, cuando las coronas de Aragón, Castilla, Borgoña y Austria se unieron dando lugar al imperio de los Habsburgo, la entidad política multinacional que fue el antecedente de España. Cuando la corte imperial se trasladó a Castilla, los intelectuales y escritores la siguieron, con lo que la producción literaria en catalán disminuyó abruptamente en cantidad y calidad. La segunda crisis se produjo después de que Cataluña, Valencia y las Islas Baleares fueron derrotadas durante la Guerra de Sucesión (1700-1714). Tras esa guerra, los territorios catalanohablantes fueron de facto anexionados a Castilla y sus instituciones fueron abolidas: los ayuntamientos, los tribunales, las universidades, etc., incluyendo el sistema jurídico y político en su práctica totalidad. Todas esas instituciones fueron sustituidas por otras de matriz castellana en el nuevo régimen absolutista y centralizador por los decretos de Nueva Planta. La nueva casa real inició una política de castellanización que se convirtió en una piedra angular del nuevo Estado español. Paso a paso, el catalán fue siendo expulsado de las funciones formales—el sistema judicial, la administración, las escuelas, etc.—con el objetivo declarado de reducirlo a la condición de habla vernácula, para que fuese eventualmente abandonada por sus propios hablantes. Unos objetivos que casi se lograron durante la dictadura franquista (1936/39-1975), cuando no sólo se prohibió el catalán en los ámbitos oficiales y educativos sino que, finalmente, se logró propagar el conocimiento del castellano entre todos los catalanes. No hay que olvidar que fue también durante este período cuando cientos de miles de castellanohablantes se establecieron en Cataluña, lo que produjo que por primera vez el castellano tuviese una amplia presencia cotidiana en la vida social catalana.

Sometido a tan formidables presiones, el catalán podría haberse colapsado. Pero no fue así. Por un lado, prácticamente todos los catalanes siguieron hablando su lengua en la vida cotidiana incluso durante el período más oscuro de la represión. Por otro lado, un buen número de escritores e intelectuales siguieron produciendo obras apreciables, con la esperanza de ver llegar tiempos mejores. Y esos tiempos finalmente llegaron, tras la desaparición del dictador.

Una vez establecida la democracia en España, los catalanes lograron cierto grado de autonomía en 1979 y comenzaron a reconstruir su sociedad. Un elemento clave en este proceso fue la normalización del catalán. Este proceso incluyó dos actividades principales. Por un lado, facilitar el aprendizaje del catalán a toda la población adulta, que había sido privado del acceso escolar normal a la lengua. Ello implicaba impulsar la alfabetización en su lengua familiar de casi todos los hablantes nativos, y potenciar el aprendizaje como segunda lengua para los inmigrantes y sus descendientes. Por otra parte, el catalán tuvo que ser (re) introducido en todos aquellos ámbitos de la vida de donde había sido expulsado.

Así, el catalán fue progresivamente adoptado como (1) el idioma principal de las administraciones catalanas, (2) el medio principal de instrucción en escuelas y universidades, (3) la lengua vehicular en una serie de nuevos medios de comunicación, y (4) fue promovido en todas las esferas de la vida en general.

Casi cuatro décadas después de la muerte del dictador, el proceso no ha sido fácil en absoluto, y en varios aspectos continúa en marcha. El catalán es hoy una lengua con plena vitalidad, aunque no esté exenta de retos importantes. Vamos a resumirlos en dos: los sociales y los políticos.

En el plano social, aunque el catalán se haya recuperado significativamente, sigue estando en muchos aspectos convaleciente de los trescientos años de represión. Por ejemplo, desde el año 2011 prácticamente todos los periódicos editados en Cataluña aparecen ya sea en catalán, ya sea en dos versiones idénticas, una en catalán y otra en castellano. También las revistas locales se editan básicamente en catalán. Cada año se publican más de 10.000 libros diferentes en catalán, incluyendo muchos *bestsellers* nacionales e internacionales, lo que es más, por ejemplo, que los libros publicados en hebreo o en finés. Sin embargo, se siguen vendiendo más periódicos y libros en castellano, no sólo a causa de los inmigrantes monolingües, sino también porque, todavía hoy, muchos catalanes adultos se sienten más cómodos leyendo o escribiendo en el idioma que fue también el de su educación. Estos y otros retos sociales para el catalán no se han visto simplificados con la llegada de más de 1,5 millones de inmigrantes de todo el mundo durante la primera década de 2000, más aún cuando los catalanes se pasan fácilmente al castellano para hablar con ellos, haciendo más difícil su integración lingüística.

Los retos estrictamente sociales para la lengua se ven infinitamente complicados a causa del escaso margen de autonomía política de las instituciones catalanas y a causa de la continua injerencia de las autoridades centrales españolas en el terreno lingüístico. A decir verdad, ni las instituciones del Estado ni la mayoría nacional de lengua castellana ha aceptado nunca que España pudiera llegar a ser (una vez más) un estado federal donde los diferentes idiomas fuesen tratados en igualdad de condiciones. Por el contrario, durante las últimas décadas, las autoridades centrales han hecho todos los esfuerzos legales y políticos para asegurar que el castellano siempre mantuviese sus prerrogativas en menoscabo de los demás idiomas. Para muestra, un botón: en la vecina comunidad autónoma de Aragón existen una serie de comarcas, conocidas como la Franja, donde el catalán es la lengua histórica igual como en Cataluña, pero esas comarcas, rurales y escasamente pobladas, tienen poco peso electoral, con lo que, a pesar de las reivindicaciones, la lengua autóctona prácticamente no tiene ni reconocimiento jurídico ni presencia en el sistema educativo. En Cataluña, el sistema electoral ha hecho imposible ese grado de postergación, pero los esfuerzos de las instituciones centrales por mantener el catalán en una posición secundaria han sido notorios. En este sentido, es bastante ilustrativa la reacción ante el Estatuto de Autonomía de 2006. Después de mucha controversia, ese Estatuto, aprobado en referéndum, estableció que el conocimiento del catalán sería obligatorio para los ciudadanos de Cataluña, poniéndolo así en pie de igualdad con el castellano, que es obligatorio para todos los ciudadanos españoles según la Constitución Española de 1978. Pero en 2010, el Tribunal Constitucional falló que en Cataluña, el conocimiento del castellano debía ser obligatorio, pero el del catalán sólo optativo. Dos años más tarde, basándose en esa sentencia, el ministro español de educación inflamó a Cataluña jactándose en el Parlamento español de que "el objetivo del Gobierno [español] es españolizar [sic] a los alumnos catalanes". Ese mismo ministro presentó un proyecto de ley que no sólo invadía las competencias de las autoridades catalanas en materia de educación, sino que incluso preveía que los niños catalanes se les permitiera recibir educación monolingüe en castellano, una posición que fue percibida como colonial y que era totalmente inaceptable a los ojos de la mayoría de los catalanes.

En este contexto, ¿son las lenguas un elemento importante para la movilización social en Cataluña en este momento? Sí y no. Por un lado, la defensa del catalán concita un apoyo que es muy amplio y transversal en la sociedad catalana. Uno no necesita saber hablar catalán para apoyar la promoción de esa lengua, entre otras cosas porque se la considera como un capital lingüístico con un papel importante en el mercado de trabajo. Aprender catalán es una buena inversión individual en términos de movilidad social, y su promoción es una buena inversión colectiva en términos de cohesión social y de identidad nacional. Por el contrario la movilización activa en favor del castellano, un idioma mundial que en Cataluña es conocido por todo el mundo y que es impuesto constitucionalmente, es socialmente mucho más marginal, y cuenta básicamente con el apoyo de una pequeña minoría altamente politizada y por lo general originaria de fuera de Cataluña. No hay que olvidar que los líderes de los dos partidos independentistas mayoritarios han afirmado personalmente que, en una Cataluña independiente, el castellano gozaría de un estatus de oficialidad. En términos generales, pues, aunque las lenguas sean un elemento fundamental para entender la sociedad catalana, no constituyen, en este momento, el elemento central del proceso de independencia.

Cataluña, tierra de inmigración

Andreu Domingo

Andreu Domingo i Valls es doctor en Sociología y actualmente subdirector del Centro de Estudios Demográficos (CED) y profesor asociado del Departamento de Geografía de la Universidad Autónoma de Barcelona (UAB), donde ha sido investigador desde 1984. Las principales áreas de investigación son: Demografía, Migración Internacional, población extranjera, el matrimonio, la familia y el parentesco. Es también director del Grupo de Estudios de Demografía y Migraciones (GEDEM) en CED (www.gedemced.org).

Migraciones y lengua: un sistema de reproducción social

A diferencia del conjunto de España, Cataluña ha sido históricamente una tierra de inmigración. De los 7'5 millones de habitantes que tenía a 1 de enero de 2012, el 18'6% había nacido en el extranjero—llegados en su mayoría durante el boom migratorio internacional del siglo XXI—otro 18% nació en el resto de España—producto de las dos oleadas migratorias del XX—y el 63,4% restante eran naturales de Cataluña. Cerca de un 70% de la población catalana es resultado directo o indirecto de las migraciones contemporáneas (migrante o descendiente de inmigrados), y si hiciéramos retroceder este cómputo en el tiempo, cubriría a la inmensa mayoría de la población. Esto significa que, como muchas otras sociedades caracterizadas como inmigratorias, se enfrentó anticipadamente a lo que parece ser una tendencia mundial, acelerada por la globalización: que su crecimiento demográfico, pero también su economía, su sociedad y cultura, y en definitiva aquello que llamamos identidad, se defina por la aportación migratoria. Hasta el punto que podemos considerar la inmigración un fenómeno endógeno a la propia dinámica demográfica. Precisamente el incremento de los movimientos migratorios provocó que, por encima de otros rasgos diferenciales de la cultura catalana, el idioma se convirtiera en el más definitorio, ya que sobre otros—sangre o ascendencia, lugar de nacimiento, religión, o raza—tenía la ventaja de ser más inclusivo.

De esta forma, y con la progresiva llegada de corrientes migratorias, la identidad catalana acaba definiéndose como una realidad de adscripción voluntaria, en la que la lengua tiene el papel de marca antropológica: el uso del catalán o por lo menos el respeto a la lengua catalana era el mínimo imprescindible en un proceso de integración que prometía a cambio la movilidad social ascendente. Es decir, lo que toda inmigración de trabajadores busca: la mejora de las condiciones de vida propias y de la familia. Y se acaba por definir la pertenencia como: "Catalán es todo aquel que vive y trabaja en Cataluña, y quiere serlo". Ésta puede tomarse como la traducción del "sueño americano" al "sueño catalán", con todas las disparidades de dimensiones que haga falta tener en cuenta, con todas les decepciones que pueda esconder una promesa no siempre cumplida. En el caso de Cataluña la mayor diferencia no obstante, más que en el volumen de los movimientos migratorios, la encontramos en su momento en la carencia de instituciones propias o actualmente en la de competencias en materia de control migratorio, además del papel subordinado a un estado que no sólo no ha respetado tradicionalmente el hecho diferencial catalán, sino que lo ha perseguido abiertamente durante los cuarenta años de la dictadura franquista, de 1939 a 1976, y que a partir de la llamada "transición democrática" lo limita o lo pone en duda cada vez que tiene ocasión: con el intento de golpe de estado de

1981, la ulterior aplicación de la LOAPA y con las mayorías conservadoras en el Parlamento español, primero con el presidente José María Aznar de 2000 a 2004 y ahora con el Gobierno de Mariano Rajoy a partir de 2011. Esto explica que el esfuerzo integrador haya recaído durante la mayor parte del tiempo casi exclusivamente en la ciudadanía. Para empeorarlo, el propio carácter cíclico de las migraciones al ritmo de la coyuntura económica provocaba en Cataluña, como en otras regiones inmigratorias, que el momento de la acomodación (cuando se alcanza un máximo de recién llegados) coincidiera con la inflexión del ciclo económico, como ahora mismo estamos sufriendo.

Breve repaso a las migraciones de los siglos XX y XXI

Si dejamos de lado los masivos movimientos de población que dieron lugar al período formativo de Cataluña durante la Alta Edad Media (debido al proceso de repoblación y colonización de los territorios ocupados a los reinos andalusíes), existen evidencias históricas de importantes corrientes migratorias llegadas de Francia durante el siglo XVII que conformarán también la población y la dinámica demográfica de la Cataluña moderna. Con todo, no será hasta los últimos decenios del siglo XIX cuando se convertirá claramente en una sociedad de inmigración, culminando su transición demográfica. Esta etapa la protagonizaron las migraciones procedentes del resto de España durante todo el siglo XX, divididas en dos grandes oleadas: la primera desde principios del siglo XX hasta la Guerra Civil, y la segunda que se iniciaría en los años cincuenta y alcanzaría su apogeo en la segunda mitad de los sesenta, para caer abruptamente con la crisis del petróleo de mediados de los setenta. A esta segunda oleada le sucedió la migración internacional, que se transformó en un boom inmigratorio llegando a su período álgido en 2007 para desplomarse con el impacto de la crisis económica desde 2008 (Gráfico 1).

La primera oleada migratoria arranca en la primera década del siglo XX y se benefició de la bonanza económica fruto de la neutralidad de España en la Primera Guerra Mundial. Llegó a su cenit a finales de los años veinte, para declinar debido a los efectos de la depresión del 29 y caer definitivamente a consecuencia del colapso que representó la Guerra Civil. Estos flujos contribuyeron a incrementar la población de 1'9 millones de personas, que había a inicios de siglo, hasta 2'7 millones en 1930.

Gráfico 1: **Saldo migratorio, crecimiento natural quinquenal y evolución de la población en Cataluña de 1901 a 2010.**

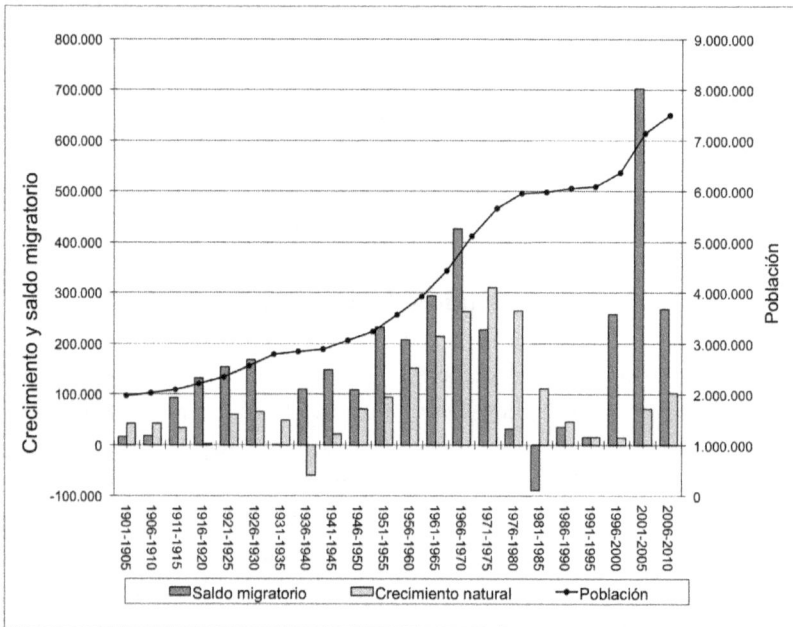

Fuente: Elaboración propia a partir de Censos y Padrones y Padrón Continuo (INE).

La segunda oleada registró un saldo migratorio máximo de 350.574 personas, alcanzado en el período 1961-66. Esta segunda ola migratoria en el siglo XX se hundió con la crisis económica de mediados de los setenta, que provocó un descenso estimado de 85.443 personas para el quinquenio 1981-85. La población se estancó en torno a los seis millones de habitantes durante más de veinte años, hasta la irrupción de la migración internacional como fenómeno que decantaría definitivamente la balanza en el segundo quinquenio de los noventa. Así, el crecimiento total experimentado durante el período 1951-1976 resultó ser de 2,4 millones de personas, hasta casi doblar el número de habitantes: de los 3'2 millones censados en 1950 se pasó a los 5'7 empadronados en 1975, donde la inmigración fue responsable del 57'8% de esta alza. Estos incrementos eran comparables a los de países eminentemente inmigratorios como Argentina o Estados Unidos, y explican que Cataluña mantuviera su cuota en términos relativos en la población mundial, cuando ésta experimentaba la explosión demográfica.

La internacionalización de las corrientes migratorias ha representado una intensificación también de su impacto, tanto en el volumen como en el peso del aumento de la población. De este modo, se pasa de 82.804 entradas netas en el quinquenio 1991-95 a 132.819 en el quinquenio 1991-96, hasta registrar un récord de 722.523 personas en los cinco primeros años del nuevo milenio. En poco menos de una década se pasa de los 6 millones mencionados a 7'5 millones. La población se multiplica por 1'2, gracias fundamentalmente a la inmigración y, en mucha menor medida, al repunte de la natalidad a la que los inmigrados contribuyeron. El saldo migratorio ha representado ni más ni menos que el 91% de todo este crecimiento.

El asedio del nacionalismo español

La ofensiva del Gobierno conservador español contra la autonomía política de Cataluña busca fracturar la cohesión social en dos flancos: provocando la división de los ciudadanos que viven en Cataluña al invocar el uso de la lengua y dificultando la integración de la población inmigrada. Por esta razón los principales ataques, al margen del expolio económico, se han dirigido contra el sistema educativo (especialmente contra la inmersión lingüística en catalán en vigencia desde 1983) y contra la Ley de Acogida de la Inmigración aprobada por el Parlamento de Cataluña el año 2010. Por una parte se persigue sustituir la enseñanza de la Historia por unos contenidos unificados que impongan el relato del nacionalismo español más rancio—una España cuyos orígenes se confunden con el origen de los tiempos, unitaria y racial—y al mismo tiempo relegar la lengua catalana a un segundo plano, en nombre de la fuerza internacional del castellano, o como a algunos les gusta repetir: "la lengua de los trescientos millones". El proyecto del nacionalismo español, aunque se disfrace de progresista y liberal, cosmopolita o internacionalista—con el fin de conseguir el reconocimiento del carácter binacional de Cataluña, y por tanto para crear su "comunidad lingüística castellanohablante" como entidad política escindida de la realidad catalana—opera directamente en la relectura etnicista de la historia demográfica de Cataluña.

No deja de ser llamativo cómo el resultado empírico (que demuestra que cerca del 70% de la población de Cataluña es producto directo o indirecto de la inmigración llegada durante los siglos XX y XXI), ha sido repetidamente utilizado por los nacionalistas españoles para defender que tan sólo la tercera parte de la población en Cataluña es catalana. Afirmación que presupone que la identidad catalana únicamente se define a través de la sangre, y aún más, que cualquier contaminación con sangre foránea es descartada de este cómputo étnico. Esta interpretación contradice claramente la definición que se ha ido forjando durante el siglo XX sobre la identidad catalana, definición que ha intentado traducir con más o menos fortuna la evolución demográfica, a saber: que la reproducción demográfica (y la reproducción social) de Cataluña se realiza a partir de la inmigración como factor endógeno, siendo tan importante como la reproducción biológica y a menudo contribuyendo aún más que la natalidad al crecimiento de la población. En parte no nos ha de sorprender, ya que en las raíces del nacionalismo español, en el casticismo, la obsesión por la pureza de sangre (juntamente con la religión) ha sido fundamental y están proyectando en Cataluña lo que ha constituido el hilo conductor de su proyecto de exclusión y homogeneización histórica, incapaz de reconocer la plurinacionalidad del Estado. Sobre este sustrato reposan las capas de centralismo pseudojacobino y proyecto liberal decimonónico en los que se asienta el españolismo contemporáneo. Desde esta voluntad, que no persigue otra meta que minorizar la identidad catalana en Cataluña, la lectura revisionista en el campo demográfico se acompaña del negacionismo en el terreno histórico: según éste, en Cataluña la lengua nunca ha sido perseguida, la represión franquista no ha existido, y el Decreto de Nueva Planta—por el cual se hizo tabula rasa de las instituciones de autogobierno catalanas y se marginó la lengua catalana en detrimento del castellano tras la derrota del 11 de septiembre de 1714—solamente era una manera de modernizar el país.

Abriendo la caja negra del secesionismo

Laia Balcells

Profesora de Ciencias Políticas en la Duke University e investigadora asociada en el Instituto de Análisis Económico del CSIC (Barcelona). Ha investigado sobre temas de violencia política, federalismo fiscal, nacionalismo y conflicto étnico.

Durante mucho tiempo, las ciencias sociales han estudiado el nacionalismo y los conflictos étnicos desde múltiples perspectivas. Se ha analizado, entre otras cosas, qué efecto tiene la diversidad étnica sobre la gobernanza de los países democráticos, la confianza y la reciprocidad, los conflictos violentos, las guerras civiles y la resistencia a la ocupación extranjera. Los resultados tienden a ser pesimistas, aunque hay algunos hallazgos esperanzadores, como que la heterogeneidad étnica no está significativamente relacionada con los conflictos violentos[1] o que el altruismo no está intrínsecamente relacionado con la coetnicidad[2].

En Política Comparada, a menudo se ha conectado el secesionismo con el estudio del conflicto étnico: la secesión y la partición han sido analizadas como posibles soluciones a la guerra civil, con algunas respuestas positivas[3], pero también con otras negativas[4]. En Teoría Política, por otra parte, el foco de atención se ha centrado en la exploración normativa del "derecho a la secesión". Uno de los más influyentes teóricos de la secesión, Allen Buchanan, afirma que el derecho a la secesión está relacionado con el "derecho a la rebelión" de Locke[5]. Se trata de un derecho remedial, que se debe conceder sólo cuando se han cometido grandes injusticias contra aquellos que la demandan. Buchanan también reflexiona sobre el hecho de que una amenaza creíble de secesión puede generar *de facto* un "veto de la minoría". Por ejemplo, Cataluña podría amenazar a España con la secesión cada vez que hubiera un desacuerdo con las políticas ejercidas desde Madrid.

Aunque Buchanan reconoce que el principio de integridad territorial de los estados reduce las posibles "amenazas de salida" por parte de una minoría, no elabora demasiado la contra de este argumento, es decir: una posición inamovible por parte del Estado para no permitir la salida puede generar *de facto* un veto de la minoría de facto dentro del territorio que reclama la secesión. Por ejemplo, el gobierno del Partido Popular (el partido político que gobierna en mayoría en

1 Fearon, James y David Laitin. "Ethnicity, Insurgency, and Civil War" *American Political Science Review* 97-1 (2003), páginas 75-86.

2 Habyarimana, J., J.M. Humphreys, D. Posner y J. Weinstein. *Coethnicity: Diversity and the Dilemmas of Collective Action*. New York. Russell Sage Press.

3 Kaufman, Chaim. "When All Else Fails. Ethnic Population Transfers and Partitions in the Twentieth Century". *International Security* 23-2, páginas 120-156; Downes, Alexander. "The Holy Land Divided: Defending Partition as a Solution to Ethnic Wars" *Security Studies* 10/4 (Summer 2001), páginas 58-116.

4 Sambanis, Nicholas. "Partition as a Solution to Ethnic War: An Empirical Critique of the Theoretical Literature". *World Politics* 52, (2000) páginas 437-483.

Sambanis, Nicholas y Schulhofer-Wohl, Jonah. "What's In A Line? Is Partition the Solution to Civil War?" *International Security* 34-2 (2009), páginas 82-118.

5 Buchanan, Allen. "Theories of Secession". *Philosophy & Public Affairs* 26-1, (1997), páginas 36-61.

España—también en muchas comunidades autónomas y municipios—pero que es minoritario en Cataluña) puede emprender políticas que pongan en peligro la supervivencia económica y cultural de Cataluña porque el Gobierno sabe que la salida de Cataluña de España no es legalmente viable con el actual marco constitucional, y que ese marco es extremadamente difícil de cambiar.

La pregunta es si, siguiendo la teoría de Buchanan, esas políticas se pueden considerar suficientemente injustas para legitimar el derecho a la secesión. Dicho de otro modo, nos podemos preguntar dónde está el límite para que las injusticias legitimen la secesión. Según los nacionalistas catalanes, ese límite se ha sobrepasado hace ya tiempo en Cataluña, pero los contrarios a la secesión discrepan.

El hecho es que el estudio de la secesión es todavía bastante marginal en ciencias sociales y que, cuando el debate tiene lugar, la discusión se contamina de alguna forma por lo que podríamos denominar un "sesgo antisecesionista". De hecho, la secesión se concibe a menudo como la última de las soluciones (p. ej. en Sudán), como una posible fuente de nuevos conflictos (p. ej. en los Balcanes), o como una solución desastrosa para conflictos intratables (p. ej. en Irak). Hay pocas investigaciones que tomen el secesionismo como un fenómeno neutral y que estudien sus causas y consecuencias prescindiendo de consideraciones normativas[6].

El origen del sesgo es diverso. Primero, está la influencia de Estados Unidos en el mundo académico. Estados Unidos quedó marcado por una guerra civil secesionista en sus orígenes como estado, y en aquel caso el secesionismo tenía la voluntad de preservar un statu quo injusto (la esclavitud). Por eso la gente tiende a asociar secesionismo con conservadurismo. Segundo, está la influencia neoliberal en la idea de que la competencia entre unidades de gobierno tiene una influencia positiva en la consecución de unas tasas impositivas óptimas. Esto genera sospechas hacia la secesión entre los sectores de izquierda, especialmente cuando una demanda como ésta se da en territorios relativamente ricos como Cataluña o Flandes y se concibe como un movimiento liderado por emprendedores étnicos egoístas. La existencia de facciones de izquierda en los actuales movimientos secesionistas o la existencia de secesionismo en regiones relativamente pobres como Córcega o Quebec constituyen una evidencia sólida contra la hipótesis de que el secesionismo está sólo motivado por motivos egoístas (es decir, la falta de voluntad de redistribuir). Finalmente, se piensa en el secesionismo como la principal causa de los conflictos violentos en el mundo. La correlación entre secesionismo y guerra civil es alta: el 46% de todas las guerras civiles que

---

6   Un ejemplo de trabajo no normativo sobre este tema es: Sambanis, Nicholas y Milanovic, Branko. *Explaining the Demand for Sovereignty*. The World Bank. Development Research Group (2011)

se produjeron entre 1944 y 2004 implicaron un movimiento secesionista[7]. Sin embargo, los mecanismos subyacentes en esta relación no están claros. Por una parte, los movimientos de autodeterminación se ven implicados en conflictos violentos muy a menudo como "respuesta" a acciones represivas perpetradas por los estados[8]. Por otra parte, la falta de acceso al poder por parte de las minorías étnicas (no secesionistas *per se*) explica a menudo la aparición de conflictos violentos[9].

Es tremendamente importante detectar regularidades y estudiar el secesionismo de forma analítica. Este fenómeno no debe ser concebido de forma monolítica. De igual forma que los estudiosos han identificado diferentes tipos de nacionalismo[10], deberíamos ser capaces de identificar diferentes tipos de secesionismo. Es obvio que el actual movimiento secesionista en Texas tiene poco en común con el de Quebec, por ejemplo. También puede haber importantes diferencias entre los grupos que forman el movimiento secesionista. En el caso de Cataluña, por ejemplo, el secesionismo representado por el partido liberal Convergència i Unió (CiU) no se puede equiparar con el de la coalición de izquierda radical Candidatura d'Unitat Popular (CUP), cuyos miembros se identifican como un "movimiento de liberación"[11].

Finalmente, hemos de ser conscientes del "sesgo antisecesionista" en los medios de comunicación, y no tan sólo en la investigación académica. Ha sido

---

7   Balcells, Laia y Stathis Kalyvas. "The Marxist Paradox. National Liberation versus Ethnic Insurgencies" (Manuscrito no publicado). Duke University y Yale University (2012).

8   Sambanis, Nicholas y Annalisa Zinn. "From Protest to Violence: An Analysis of Conflict Escalation with an Application to Self-Determination Movements". Documento presentado en la reunión anual de la American Political Science Association, Marriott Wardman Park, Omni Shoreham, Washington Hilton, Washington, DC. (2005)

9   Cederman, Lars-Erik, Kristian Skrede Gleditsch y Nils B. Weidmann. 2011. "Horizontal Inequalities and Ethnonationalist Civil War: A Global Comparison." *American Political Science Review* 105-3, páginas 478–495.

10 Como Hechter ha explicado, el patriotismo no puede ser equiparado al nacionalismo periférico. También distingue entre irredentismo, nacionalismo constructor de un estado y nacionalismo de unificación. Hechter, Michael. *Containing Nationalism*. Oxford y New York: Oxford University Press (2000).

11 El secesionismo catalán es un fenómeno complejo con gran fraccionalización interna y heterogeneidad. Como Hilari Raguer explica, hay dos ramas principales en el nacionalismo catalán: una católica y de derechas, y otra republicana y de izquierdas. Pero ambas comparten el mismo principio, que es el carácter pacífico y cívico del secesionismo catalán.

sólo recientemente cuando importantes periódicos y revistas (como *The Guardian*, *The New York Times*, *The Huffington Post* o Reuters) se han empezado a tomar en serio los movimientos secesionistas como los que existen en Cataluña y en Escocia. Pero otra parte de la prensa es escéptica sobre estos movimientos y por tanto apoya indirectamente el statu quo de los estados nacionales existentes. No obstante, es posible que los periodistas vayan perdiendo ese sesgo hacia este tema ahora que los académicos ya están siendo más objetivos, al mismo tiempo que la realidad de los hechos que suceden en Cataluña, Flandes y Escocia demuestra que el secesionismo no va necesariamente unido a acontecimientos desastrosos. En realidad, en todos estos casos el secesionismo es cívico, democrático y pacífico. Y es altamente improbable que acabe desembocando en un conflicto armado.

En resumen, es importante abordar el tema del secesionismo con una visión analítica y hacerlo estudiándolo en toda su complejidad. Al abrir la caja negra del secesionismo el llamado "sesgo antisecesionista" debería quedar diluido. Esto nos permitiría no sólo hallar mejores explicaciones de este fenómeno, sino también formular recomendaciones políticas más apropiadas para estos movimientos y para los estados que se enfrentan a ellos.

La escolarización en Cataluña (1978-2012)

Pere Mayans Balcells

*Catedrático de Lengua Catalana y Literatura en la educación secundaria.
Ha sido jefe del Servicio de Enseñanza del Catalán en el Departamento
de Enseñanza de la Generalitat de Catalunya y actualmente es el jefe del
Servicio de Inmersión y Acogida Lingüística del mismo Departamento.
Son responsabilidad de este servicio la inmersión lingüística, la educación
en catalán, la acogida de alumnado recién llegado al sistema educativo,
la gestión de las lenguas en el sistema educativo y la promoción de la
literatura catalana. Es autor de libros y artículos sobre la realidad
sociolingüística de los diversos territorios de habla catalana, así como de
diversas minorías lingüísticas del mundo.*

Sin duda, Cataluña ha sido la parte de los territorios de habla catalana donde ha habido un consenso político y social más amplio (incluso más que en Andorra, el único territorio de la comunidad lingüística catalana hasta el momento independiente) al plantearse hacer del catalán la primera (principal) lengua del sistema educativo.

Hay que recordar que es un modelo surgido de una decisión democrática. De entrada, el Estatuto de Autonomía de Cataluña de 1979 estableció el catalán como lengua propia y oficial (en este segundo caso conjuntamente con el castellano). Para conseguir nivelar la situación de las dos lenguas oficiales, y teniendo presente que la situación de la lengua catalana, a todos los niveles, era clara e indiscutiblemente inferior al castellano (se habla concretamente de situación precaria, utilizando el término que aparece en el preámbulo de la Ley 7/1983, de 18 de abril, de Normalización Lingüística en Cataluña), se hizo del catalán la lengua propia, *primera* podríamos decir, de algunos ámbitos públicos: toponimia, administración pública de Cataluña, medios de comunicación de titularidad pública catalana y enseñanza no universitaria. Cabe recordar que la Ley de Normalización Lingüística fue aprobada por 105 votos a favor y solamente una abstención. Es decir, se trataba de una ley aprobada por todos los partidos con representación parlamentaria (CiU, PSC, PSUC y UCD), excepto el Partido Socialista de Andalucía, que en la legislatura siguiente desaparecería del panorama político catalán.

En este artículo, nos centraremos en repasar el proceso seguido para hacer del catalán la primera lengua de la enseñanza en Cataluña[1] y que podemos dividir en cinco grandes etapas (la quinta etapa apenas está comenzando):

---

1   Cabe recordar que el proceso no ha sido exactamente igual en el resto de territorios catalanes que actualmente dependen del Estado español (l'Alguer se encuentra en Italia, en Francia hay una parte de Cataluña, la llamada Catalunya del Nord, y, como hemos dicho, Andorra es un estado independiente): en la Franja de Ponent, el territorio catalanohablante que está dentro de la Comunidad Autónoma de Aragón, el catalán, como lengua optativa, ha llegado (curso 2009-2010) al 81,76% de los alumnos (4.693 alumnos) frente a los 791 del curso 1984-1985 o a los 3.045 del curso 1994-1995, y se han ido incorporando algunas líneas bilingües catalán/español (el catalán, además de ser enseñado, también se ha convertido en vehicular de algunas asignaturas). En el País Valenciano, las líneas educativas en nuestra lengua han ido aumentando lentamente hasta llegar a un 30% del alumnado (curso 2009-2010) y, en todo caso, son claramente insuficientes para atender las peticiones de las familias. En las Islas Baleares y Pitiusas el avance del catalán ha sido muy significativo hasta el extremo de que se puede afirmar que un 50% de los centros educativos de enseñanza no universitaria hacen la enseñanza en nuestra lengua (y el español como asignatura) mientras que el otro 50% hacen enseñanza, en grados diversos, bilingüe catalán/español. En el Carche, la pequeña comarca de habla catalana de Murcia, el catalán no tiene ninguna presencia en el sistema educativo.

1ª etapa. La implantación de la enseñanza del catalán (1978-1983), en plena transición democrática del Estado español, después de la muerte del dictador Francisco Franco. La incipiente Administración autónoma catalana consiguió que se impartieran tres horas semanales obligatorias de lengua catalana. En 1983 un 90% del alumnado de parvulario y educación primaria ya recibía clases de catalán.

2ª etapa. La implantación progresiva de la enseñanza en lengua catalana. Es un período que comienza con la aprobación de la ya mencionada Ley de Normalización Lingüística de 1983, que significó, a grandes rasgos: hacer del catalán la lengua propia de toda la enseñanza; reconocer el derecho de los niños a recibir la primera enseñanza en su lengua habitual, ya fuera ésta el catalán o el castellano; hacer que la lengua catalana y la lengua castellana fueran impartidas obligatoriamente en todos los niveles de la enseñanza no universitaria; no separar al alumnado por razón de lengua, y garantizar que todos los niños de Cataluña, cualquiera que fuera su lengua habitual al iniciar la enseñanza, pudieran utilizar con normalidad y correctamente el catalán y el castellano al final de los estudios básicos.

El éxito social de esta apuesta educativa fue indiscutible, ya que tenía el apoyo de la práctica totalidad de los diputados del Parlamento de Cataluña, y se pudo ver cómo contextos mayoritariamente castellanohablantes (con índices del 70% del alumnado hablante de castellano) se acogían, con poquísimas resistencias, al llamado Programa de Inmersión Lingüística, que garantizaba el uso del catalán como lengua de enseñanza, especialmente durante los primeros años de escolarización. Según datos del Departamento de Enseñanza, el curso 1992-1993 el catalán era ya la lengua vehicular de un 63% de los centros de educación infantil y primaria de Cataluña.

Cabe destacar la inmensa labor que se llevó a cabo para reciclar lingüísticamente varias decenas de miles de maestros y profesores de toda Cataluña (¡más de 50.000!). Esta tarea contó con el apoyo tanto de las universidades catalanas como de los sindicatos del profesorado.

3ª etapa. La extensión del modelo de conjunción en catalán. Empieza el curso 1992-1993 con la aprobación de los currículos que emanaban de la Ley Orgánica estatal de Ordenación General del Sistema Educativo (1990), que en Cataluña se desarrolla mediante decretos que establecen la ordenación de las enseñanzas no universitarias. Se dictaminó que el catalán se utilizaría normalmente como lengua vehicular y de aprendizaje en todos estos niveles. Por lo tanto, se apostó por un modelo lingüístico escolar único. Sin embargo, seguían vigentes dos de los principios de la etapa anterior: el derecho a pedir las primeras enseñanzas en castellano (cosa que cada vez hacían menos familias) y el objetivo de conseguir que el alumnado tuviera el mismo dominio de los dos idiomas oficiales al acabar la enseñanza obligatoria. Es la época de consolidación del catalán como lengua usada normalmente en el sistema educativo.

4ª etapa. La avalancha migratoria procedente de todo el mundo que llegó a Cataluña a comienzos del siglo XXI: se pasó de 24.787 alumnos de nacionalidad extranjera el curso 2000-2001 a 155.845 en el curso 2009-2010. Esta llegada masiva provocó una cierta sacudida del modelo lingüístico de la escuela catalana, a veces demasiado autoconvencida de una catalanización que aún presentaba—presenta—lagunas importantes en la enseñanza de segundas lenguas, en el nivel de lengua del profesorado y, en algunos contextos, incluso en el hecho de que algunos profesores todavía seguían—siguen—impartiendo clases en castellano.

La respuesta de la Administración catalana con respecto a la nueva inmigración fue la creación de programas específicos en y de lengua catalana para atender a este alumnado, ya que de no haberlo hecho hubiera provocado, seguramente, la consiguiente castellanización de muchas aulas del país. La creación de los Talleres de Adaptación Escolar (TAE) en la última etapa de CiU (antes de la llegada del Gobierno tripartito de izquierdas) y el Plan para la Lengua y la Cohesión Social (impulsado por ERC en el marco del primer Gobierno tripartito), con la creación de más de 1.000 aulas de acogida, son los máximos exponentes. La nueva realidad del país hace que en 2007 la Consejería de Educación, dirigida en ese momento por el socialista Ernest Maragall, inicie el Plan de Actualización del Programa de Inmersión Lingüística, que dé respuesta a la nueva realidad sociolingüística del país en los niveles no universitarios.

En este período, además, se empieza a plantear seriamente y de una forma más o menos generalizada impartir contenidos curriculares en inglés o francés, mediante programas de tratamiento integrado de lengua y conocimientos, tanto en primaria como en secundaria.

5ª etapa. En 2010, la sentencia del Tribunal Constitucional contra el Estatuto de Autonomía (y las sentencias que se derivan) parece que abre un nuevo escenario legal para la presencia del catalán en nuestro sistema educativo. En concreto, contra el hecho de que el catalán sea la única lengua vehicular en Cataluña y que se deba tender, en aquellos casos en que el catalán se considere normalizado, hacia un porcentaje similar de clases en las dos lenguas oficiales. Es evidente que desearíamos poder cerrar este período diciendo que sólo ha sido una decisión legal marcada por presiones políticas y que, finalmente, la escuela en Cataluña seguirá siendo lo que democráticamente se ha decidido desde el Parlamento de Cataluña. Pero los ataques del Gobierno español continúan y actualmente el ministro de Educación español, José Ignacio Wert, ha dado un paso más allá. En el anteproyecto de la Ley Orgánica de Mejora de la Calidad Educativa (febrero de 2013), se proponen varios puntos que atentan directamente contra la situación del catalán en el sistema educativo:

4. *En las Comunidades Autónomas que posean, junto al castellano, otra lengua oficial de acuerdo con sus estatutos, las Administraciones educativas deberán garantizar el derecho de los alumnos a recibir las enseñanzas en ambas lenguas oficiales, programando su oferta educativa conforme a los siguientes criterios:*

   a) Tanto la asignatura Lengua Castellana y Literatura como la Lengua Cooficial y Literatura deberán impartirse en las lenguas correspondientes.

   b) Las Administraciones educativas podrán diseñar e implantar sistemas en los que se garantice la impartición de asignaturas no lingüísticas integrando la lengua castellana y la lengua cooficial en cada uno de los ciclos y cursos de las etapas obligatorias, de manera que se procure el dominio de ambas lenguas oficiales por los alumnos, y sin perjuicio de la posibilidad de incluir lenguas extranjeras.

   Las Administraciones educativas determinarán la proporción razonable de la lengua castellana y la lengua cooficial en estos sistemas, pudiendo hacerlo de forma heterogénea en su territorio, atendiendo a las circunstancias concurrentes.

   c) Las Administraciones educativas podrán, asimismo, establecer sistemas en los que las asignaturas no lingüísticas se impartan exclusivamente en la lengua cooficial, siempre que exista oferta alternativa de enseñanza sostenida con fondos públicos en que se utilice la lengua castellana como lengua vehicular en una proporción razonable.

   En estos casos, los padres o tutores legales tendrán derecho a elegir el sistema de enseñanza que reciban sus hijos o pupilos. Si la programación anual de la Administración educativa no contemplase oferta docente sostenida con fondos públicos, excepcionalmente y hasta que no se desarrolle dicha oferta en el sistema elegido, los padres o tutores legales podrán optar por escolarizar a sus hijos o pupilos en centros privados, correspondiendo a la Administración educativa sufragar los gastos de escolarización.

5. *Corresponderá a la Alta Inspección del Estado velar por el cumplimiento de las normas sobre utilización de lengua vehicular en las enseñanzas básicas.*

Estos puntos nos recuerdan varios aspectos. En primer lugar, que el alumnado, al finalizar la enseñanza básica, debe conocer con corrección la lengua del Estado, cosa que ya se garantiza en el actual sistema educativo en Cataluña, tal como se explicita en nuestros currículos y tal como se demuestra en las pruebas de competencia lingüística en castellano que se hacen, tanto las de ámbito estatal como las de ámbito catalán. Hasta aquí, en principio ninguna objeción, pero el problema viene cuando se insiste en que las lenguas cooficiales (en nuestro caso catalán y castellano) sean ofrecidas como lenguas vehiculares en una proporción "razonable" (no se habla de la enseñanza de la lengua, sino de la enseñanza en una u otra lengua). Como se puede ver, la visión está muy alejada del espíritu de la normativa catalana que ya estableció en 1983: se propuso el catalán como lengua de la enseñanza para compensar la realidad sociolingüística de las dos lenguas oficiales en Cataluña y garantizar así el derecho de todos los ciudadanos a conocerlas. Cosa que no garantiza, por ejemplo, el sistema educativo en la Comunidad Valenciana, donde los niños que reciben la enseñanza en catalán aprenden esa lengua y la castellana, mientras que quienes reciben la enseñanza en la lengua del Estado en muchos casos no son competentes en catalán, que sólo se enseña como asignatura.

Este modelo que propone el ministro cuestiona seriamente la escuela en catalán y la aplicación, allí donde es necesario por la realidad sociolingüística de los alumnos y del entorno, de las metodologías propias del programa de inmersión lingüística. Se afirma que, si bien "las Administraciones educativas podrán, asimismo, establecer sistemas en los que las asignaturas no lingüísticas se impartan exclusivamente en la lengua cooficial" (es decir, escuela en catalán), siempre ha de existir una "oferta alternativa de enseñanza sostenida con fondos públicos en que se utilice la lengua castellana como lengua vehicular en una proporción razonable.

Además, el anteproyecto amenaza—no creo que se pueda usar otro término—estableciendo que, si esta oferta no existe, los padres o tutores podrán optar por escolarizar a sus hijos en centros privados y que los gastos de esta escolarización irán a cargo de la Administración educativa correspondiente. De hecho, estas afirmaciones hacen que nos planteemos varias preguntas: ¿en Cataluña hay centros privados que imparten clases principalmente en castellano?; en el País Valenciano los padres que piden enseñanza en valenciano y no pueden ser atendidos por la Generalitat Valenciana ¿también tendrán este derecho?; ¿se pueden subvencionar plazas en la enseñanza privada no concertada con dinero público?

Y toda esta ofensiva contra el hecho de que el catalán sea primera lengua en la escuela en Cataluña se hace a pesar de que existen informes oficiales, como el titulado Evaluación General de Diagnóstico 2010, publicado por el Ministerio de Educación del Estado, en el que se nos confirma que la competencia lingüística en castellano del alumnado de Cataluña se sitúa en la media del Estado e, incluso, por encima de comunidades "monolingües" como Canarias, Extremadura y Andalucía, o de comunidades "bilingües" donde el castellano tiene una presencia más importante como lengua vehicular (Baleares, Galicia, Comunidad Valenciana).

Finalmente, cabe recordar que el actual sistema educativo en Cataluña ha garantizado la igualdad de oportunidades (en este caso lingüísticas) a todos los ciudadanos de Cataluña que en estas últimas décadas han pasado por él. Toda persona que ha sido escolarizada es capaz de entender, escribir, leer y hablar tanto en catalán como en castellano, con independencia del origen lingüístico familiar.

Por estos motivos nuestro modelo lingüístico catalán es un modelo elogiado por el Grupo de Alto Nivel sobre Multilingüismo que la Comisión Europea creó en 2005, pero esto no parece importarle demasiado al Gobierno español. La escuela catalana garantiza el conocimiento y la continuidad histórica de la lengua propia, el catalán, sin dejar de lado el conocimiento de la lengua del Estado, en este caso el castellano y, evidentemente, facilita el aprendizaje de una o dos lenguas extranjeras.

La visión desde Bruselas

Ramon Tremosa i Balcells

Diputado en el Parlamento Europeo (PE) desde 2009, es miembro de las Comisiones de Economía y Transportes. Ha sido diputado ponente del PE en la nueva supervisión financiera europea (2010), del Informe del BCE (2011) y del Informe de Competencia (2012). Ha sido el diputado ponente del grupo liberal-demócrata en las directivas "Espacio Ferroviario Único Europeo" y "Paquete Aeroportuario Europeo". Sigue los debates del corredor ferroviario del Mediterráneo y de la reforma de la PAC. Profesor de Teoría Económica de la Universidad de Barcelona desde 1992, es autor de varios artículos académicos y de libros sobre política monetaria, economía regional y federalismo fiscal, de los que destacan Catalonia, an emerging economy (Sussex Academic Press, 2010) y L'Espoli Fiscal (2004).

1. - Cataluña es vista en la UE como un país mediterráneo medio nórdico: país industrial, exportador y creativo (28% de la exportación española en 2012), con una ciudad como Barcelona, de gran vocación y ambición de capitalidad europea y puerta de entrada y salida del comercio intercontinental. Cataluña también es vista en la UE como un territorio modelo para los países y regiones mediterráneas, gracias a las 4.000 multinacionales instaladas en ella y a su muy potente sistema público-privado de I+D (Cataluña es una de las primeras regiones captando fondos de la UE en I+D).

Al fin y al cabo, Europa y Alemania quieren países que funcionen, donde sus gobiernos paguen las facturas a 30 días, los mercados laborales sean eficientes, la justicia rápida, la seguridad jurídica de las inversiones internacionales efectivamente protegida, no haya déficit de tarifa energéticos brutales que se acaban convirtiendo en deuda pública, donde las infraestructuras ganen dinero porque se hacen allí donde hacen crecer la economía y no que lo pierdan donde no hay nada ni nadie. Es decir, todo lo que hoy la España actual no ofrece. "Otra vez España ha vuelto a fracasar", escucho a menudo en la UE. "España ha perdido una guerra económica contra sí misma", dice el presidente Jordi Pujol. Si una Cataluña independiente garantizara todo lo contrario de lo que hoy España ofrece, las puertas europeas se acabarían abriendo.

"¿Cómo es que los catalanes han llegado hasta ese punto?". La respuesta es fácil de dar, puesto que ahora la prensa internacional descubre también la dimensión territorial del ruinoso modelo económico regional español que PP y PSOE han impuesto en los últimos años (fueron los grandes partidos españoles los inventores de las 17 autonomías en 1979). El modelo territorial español ahora se descubre basado en un absoluto centralismo radial en infraestructuras y en una monopolización obsesiva de todas las parcelas de poder (hacienda, aeropuertos, trenes, puertos, justicia ...), unos poderes que en los estados federales son compartidos entre el gobierno central y los gobiernos regionales. Si a esto le añadimos las ineficiencias seculares de un Estado español indolente e insensible a los cambios de la globalización (morosidad del Gobierno central, mercado laboral dual e ineficiente, inseguridad jurídica para las inversiones internacionales, justicia lenta, burocracia obsesiva, sobre-regulación compulsiva, inspecciones fiscales arbitrarias y confiscatorias, desastre de la tarifa eléctrica...), la respuesta catalana a la pregunta europea está servida. Y si a esto le sumamos las prohibiciones internacionales de hablar catalán, aún hoy vigentes en el plenario del Parlamento Europeo, y la no cooficialidad estatal del catalán como sucede en Finlandia, Bélgica o Suiza, el clamor creciente catalán por la necesidad de disponer de un estado propio se hace aún más comprensible. Los agravios económicos modernos se suman a la secular discriminación de la identidad catalana.

2. - La secesión de un territorio de un estado miembro de la UE hasta ahora no se ha producido nunca y, por tanto, no hay ningún precedente que sirva como modelo. Ahora bien, es un secreto a voces que la UE y la Comisión Europea se preparan para esta eventualidad, dado que en el horizonte está el referendo escocés fijado para el 18 de septiembre de 2014. Si se produce, habrá que proceder a un *internal enlargement* (ampliación interior) de la UE y Escocia pedirá la subrogación automática a todos los tratados vigentes a los que está adscrita a estas alturas Gran Bretaña, dejando para más adelante otras cuestiones como acogerse o no al euro.

En todo caso, tanto la UE como el BCE y todos los demás organismos europeos estarían interesados en que este proceso de ampliación interior fuera lo más rápido posible, para reducir al máximo las incertidumbres y los costes que genera todo proceso de cambio institucional importante, como es el caso de la creación de un nuevo estado. Si hay una clara voluntad política, el precedente veloz de la reunificación alemana es lo que nosotros tenemos que invocar. Esta posibilidad tampoco estaba prevista en ningún tratado, pero, en el momento de la verdad, la libertad y la democracia pasaron una vez más por delante de los textos legales. Europa y la UE aún son una casa donde los valores de la libertad y la democracia son fundamentales y pasan por delante de los textos legales vigentes.

En Gran Bretaña no hay ninguna Constitución escrita para que los escoceses puedan tener la libertad de decidir su futuro, si así lo creen conveniente, mientras que en España la Constitución de 1978 es interpretada con un estilo fundamentalista, integrista, inmutable y es utilizada contra las ansias crecientes de libertad de cada vez más catalanes.

3. - El Parlamento británico publicó en su web el pasado mes de octubre un informe sobre cómo quedaría Escocia en la UE en caso de que el "sí" ganara el referéndum de 2014. El informe fue elaborado por el prestigioso profesor de Oxford, Graham Avery, director general honorario de la Comisión Europea.

En relación con la forma de integrar un estado escocés en la UE, Avery dice que si los escoceses han sido ciudadanos de la UE durante cuarenta años, y lo quieren seguir siendo, difícilmente se les debería hacer salir y volver a entrar. "Escocia no es Turquía" y no se puede tratar a los escoceses como si fueran ciudadanos de un país que nunca ha formado parte de la UE, como es el caso de los turcos. Graham Avery dice que lo lógico sería hacer pasar a Escocia por un *fast-track* (vía preferente), como la que hay en los aeropuertos para los pasajeros con necesidades especiales o con prioridad por el tipo de billete.

Esta opinión fue inicialmente defendida por el propio comisario español Joaquín Almunia, vicepresidente de la Comisión Europea, que dijo en octubre de

2012 en Barcelona que "no estaba claro que ciudadanos europeos con derechos adquiridos (y moneda en el caso catalán) pudieran ser despojados de ellos de un día para otro como si nada, en caso de secesión de un territorio de un estado ya miembro de la UE".

En medio de la campaña del miedo y de las amenazas que PP y PSOE lanzan contra los catalanes en caso de una hipotética independencia, incapaces como son de ofrecerles nada positivo (un *better together*—mejor juntos—como el que Inglaterra ofrece a los escoceses), el pasado 3 de noviembre *The Economist* publicó un artículo muy interesante. En el semanario económico más influyente del mundo se afirma que "una España ultradependiente de la UE entre rescates e intervenciones no podrá vetar una Escocia independiente dentro de la UE". Esta opinión desmiente rotundamente al ministro español de Asuntos Exteriores García-Margallo, que repite una y otra vez que todo nuevo país "se deberá poner a la cola" de los países candidatos a la adhesión.

4. - En el diario *Financial Times* David Gardner escribía el pasado 16 de mayo un artículo titulado *Spain: devolution can be a part of the solution* (España: la descentralización puede ser parte de la solución), en el que se avala la extensión del concierto económico vasco a Cataluña como una de las posibles soluciones a la actual crisis total española (económica e institucional), alegando razones de eficiencia económica y de mejor gestión tributaria. En Europa los países que han protagonizado la rápida recuperación económica de finales de 2009 a mediados de 2011, de la mano de una brillante recuperación de las exportaciones industriales y previa restauración del flujo de crédito bancario a las empresas y las familias, han sido los países pequeños centroeuropeos, nórdicos y bálticos.

En cambio, los países del sur de dimensión media y grande (los conocidos como PIIGS, Francia y Reino Unido) son los que presentan menor recuperación y mayor recaída o directamente llevan cinco años en caída libre, como es el caso de España. Alemania es la excepción que confirma la regla: si bien es el país más grande de la Unión Europea en población y PIB, su éxito es atribuido al verdadero federalismo fiscal que impusieron los aliados después de la Segunda Guerra Mundial, inspirado en el federalismo de los Estados Unidos. Alemania, de hecho, funciona como 17 «Dinamarcas» independientes, con 17 agencias tributarias que recaudan todos los grandes tributos y con 17 estados que disponen de plena soberanía en cuanto a la provisión y la gestión de sus grandes infraestructuras.

En Alemania los 17 *länder* o estados federales, disponen de una agencia tributaria que recauda todos los grandes impuestos y, con el dinero en su poder, negocian la solidaridad entre regiones y pueden así limitar las transferencias al gobierno de Berlín (el principio de ordinalidad limita de facto las transferencias entre territorios al 3-4% del PIB regional en los estados contribuyentes netos: un estado contribuyente neto no puede, después de la distribución, estar por debajo en renta per cápita de un estado receptor neto). Este verdadero federalismo fiscal, muy parecido al de las tres Diputaciones Forales vascas y al de la Diputación Foral de Navarra, no rompe ninguna unidad de mercado y es un hecho realmente federal: federalismo real según la definición académica es que las regiones *recauden* los grandes impuestos, no sólo que gasten como sucede en España.

Del mismo modo, los 17 *länder* alemanes son soberanos en la provisión y gestión de sus infraestructuras, pudiendo decidir sobre la construcción de aeropuertos o la concesión de los slots a las compañías aéreas en función de los intereses económicos específicos (financieros, exportadores, turísticos...) de cada estado o *land*. Yo he oído explicar al presidente de Deutsche Bahn, Dr. Rudiger Grube, la mayor compañía de trenes alemanes (y europea), que cada año tiene que renegociar 17 contratos regionales de gestión, compitiendo con los trescientos operadores ferroviarios que hay en Alemania.

Economic integration and political disintegration es un artículo de referencia que publicaron los profesores del MIT Alessina y Spolaore en la *American Economic Review* en el año 2000 y que ampliaron en 2003 en su ya clásico libro *The Size of Nations*. Cuanto más abierto e integrado es el mundo, más aumentan los incentivos para que países pequeños opten por crear un estado propio eficiente, más homogéneo y gobernable con respecto a una gestión eficiente de las preferencias de sus habitantes (amplios consensos más fáciles de alcanzar, mayor flexibilidad de los mercados de productos y factores...). Cataluña, en esta hora decisiva de revisión del centralismo madrileño nuevamente fracasado, no es ajena a todo ello: de hecho, todo lo que va bien hoy en Cataluña está ligado a la Europa de los pequeños estados eficientes, mientras que lo que no va bien está aún ligado a centralismos seculares decadentes.

5. - Las multinacionales y la independencia: el gran economista catalán Miquel Puig sostiene, en una serie muy interesante de artículos publicados en el diario catalán *Ara* en septiembre pasado, que "el debate sobre la independencia de Cataluña es mucho más sentimental que racional". Las 4.000 multinacionales que hay actualmente en Cataluña saben muy bien que si éste fuera un país normal (corredor mediterráneo en funcionamiento, gestión local eficiente de puertos, aeropuertos y trenes, pago puntual de facturas, mercado laboral y energético eficientes, estabilidad jurídica de las inversiones, etc.) podrían multiplicar sus tráficos y beneficios. Estas 4.000 multinacionales, el día después de que el Parlamento catalán votara a favor del estado propio, seguirían enviando sus camiones, barcos y trenes arriba y abajo como si nada. "No hay nada racional a discutir sobre este punto", concluye Miquel Puig.

Visto desde Bruselas hay que decir que son poco consistentes las amenazas de expulsión del euro y de la UE si Cataluña proclamara unilateralmente su independencia, amenazas recurrentes que se hacen desde Madrid. Si hay algún país que corre peligro de que lo expulsen del euro es esta España centralista, jacobina, super-endeudada e ineficiente, incapaz de cambiar su chip aislacionista secular y de adaptarse a un mundo abierto y globalizado como es el del siglo XXI. Las 4.000 multinacionales en Cataluña no dejarían por interés propio que Cataluña fuera expulsada del euro, e incluso podrían favorecer que se produjera rápidamente la ampliación interior que ya está considerada y estudiada en la UE por si Escocia acaba votando a favor su independencia.

Es curioso que quien amenaza con vetos y expulsiones de la UE sea España, un país que con su ruina económica, y su incapacidad para reformarse imitando buenas prácticas europeas, está poniendo en riesgo no sólo la moneda única sino todo el proyecto de unión europea. Cabe recordar que, mucho más importante que la UE (embrión de unión política que aún no tiene poderes fiscales, ni unión bancaria, ni suficiente legitimidad democrática), es el espacio económico europeo de libre circulación de personas, mercancías y capitales. Noruega y Suiza no forman parte de la UE, pero tienen acceso a esta libre circulación, que es el gran éxito europeo de los últimos sesenta años. Y son dos de los países más prósperos del mundo en muchos indicadores económicos y sociales.

Por lo tanto, que los británicos planteen un referéndum para salir de la UE (pero no de este espacio económico europeo que ellos llaman *internal market*) puede significar que anticipan el fracaso del proceso de cruce histórico en que se encuentra la Unión Europea: o más unión (fiscal, bancaria, política...) o renacionalización. Lo que seguro que no tiene futuro es una unión donde conviva el mercado laboral más eficiente del mundo (Dinamarca) con el mercado laboral más ineficiente (España): la divergencia económica es segura.

Como dijo uno de los gobernadores ingleses de Menorca en el siglo XVIII: "Los castellanos son arrogantes, intolerantes y—lo que es peor—no tienen ni una sola buena idea." Ojalá esta frase no sea ahora cierta y los catalanes podamos votar en libertad y sin amenazas lo que más nos conviene. Europa todavía es hoy un lugar donde la libertad y la democracia son los pilares y los valores fundamentales de la acción política, tal como ha demostrado David Cameron dando a los escoceses un referéndum que él no quiere, pero que los escoceses han querido. Y es que como dice el eurodiputado Daniel Cohn-Bendit, poco amigo de los nacionalismos: "Si el proceso es transparente, pacífico, democrático y mayoritario, la UE acabaría aceptando una Cataluña independiente."

Keep Calm and Speak Catalan

Josep Maria Ganyet

Ingeniero informático por la Universidad Autónoma de Barcelona con especialidad de inteligencia artificial. Ha trabajado en el campo de la interacción humana con los ordenadores, diseño, enseñanza y comunicación en IBM, Deutsche Bank y Gotomedia. Ha creado varias empresas en los sectores del diseño y la comunicación y una en el sector de la arqueología. Escribió un blog pionero en 1998 donde se narraban las aventuras de un caballero medieval en Estados Unidos (en catalán antiguo). Actualmente dirige el estudio de diseño Mortensen.co, participa en una startup, da clases en la Universidad Pompeu Fabra, colabora en RAC1 (radio) y trabaja en un libro. Bloguea en Ganyet.com y habla seis idiomas.

> *"No heredamos la lengua de nuestros antepasados sino que la*
> *tomamos prestada de nuestros hijos"*
> (Adaptación libre de un proverbio nativo americano)

Un tweet de 2012

El día 4 de diciembre de 2012 iba en tren al trabajo escuchando la radio al tiempo que seguía mi *timeline* de Twitter como suelo hacer. El tema del día era el anteproyecto de ley de la reforma educativa del ministro español de educación que pretende cambiar el modelo actual de escuela en catalán por un modelo segregado por idioma, castellano o catalán, de acuerdo con las preferencias de los padres.

Mientras en la radio los tertulianos criticaban y debatían con más o menos vehemencia el tema, mi *timeline* hervía con tweets de reacción mezcla de indignación, humor y vísceras.

Fue al leer las muchas y airadas reacciones que vino a mi cabeza la frase de *"Keep Calm and Carry On"* que de manera natural adapté a *"Keep Calm and Speak Catalan"* (en el original en inglés). Una declaración de principios mezcla de ironía, historia y futuro que podría interpretarse como: "sigamos con lo nuestro y hagamos como si nada".

Un tweet de 1939

Debo confesar que aun habiendo leído sobre el mensaje original de *"Keep Calm and Carry On"* y habiendo visto el original (y las incontables adaptaciones que con más o menos acierto se han hecho del tema) desconocía su contexto exacto, su historia y la mística que hay detrás del cartel. Me informé para hacer mi versión del mismo.

Resulta ser que el cartel era el tercero de una serie de tres destinados a levantar la moral de la población británica al principio de la segunda guerra mundial. El Ministerio de Información británico imprimió en el año 1939 2'5 millones de copias del cartel *"Keep Calm and Carry On"* para ser distribuido en el caso de una eventual invasión de Gran Bretaña, con el objetivo de concienciar a la población para que hicieran como si nada y continuaran con su actividad cotidiana. Como dicha invasión no se produjo el cartel nunca fue distribuido y se destruyeron todas las copias.

Se perdió toda pista del cartel hasta el año 2000 en que dos ejemplares aparecieron en una caja en una librería de segunda mano en Northumberland al norte de Inglaterra. Redescubrir el cartel fue como desempolvar una parte de la historia británica que había quedado olvidada, hecho que propició una gran repercusión mediática seguida de la inevitable explotación comercial. El cartel se había convertido en un icono global.

El sobrio diseño del cartel, la confianza que transmite la corona de los Tudor del Rey Jorge VI, el claro y contundente mensaje de llamada a la acción escrito con una tipografía simple y el hecho de que el autor sea desconocido (un funcionario cualquiera del ministerio) le confieren una mística especial.

Un mensaje, que llama a la acción, que cualquiera puede tomar como suyo, de un usuario con una gran reputación social como es la corona y dirigido al *(timeline)* público de la Gran Bretaña y de menos de 140 caracteres. La definición del tweet perfecto.

Virus

Después de la publicación del tweet y aún en el tren me doy cuenta en seguida que el mensaje *"Keep Calm and Speak Catalan"* resuena en la red y se convierte en viral y sigue el habitual camino de difusión en línea: Twitter y redes sociales, blogs, diarios digitales, radios, televisión, ediciones impresas de los periódicos y vuelta a empezar.

El cartel *"Keep Calm and Speak Catalan"* aparece en webs de diseño en Japón y Francia, de movimientos de derechos civiles en los Estados Unidos, en webs de defensa de la cultura catalana y por la independencia de Cataluña, en los avatares de Twitter y Facebook de miles de usuarios y en el momento de máxima difusión llega a superar el millón de referencias en Google (enero 2013).

Pero desde el mismo momento de su publicación, el tweet emprendió su camino por el espacio físico en las versiones más insospechadas: convirtiéndose en cartel de Moritz (la marca de cerveza catalana más representativa), en camisetas, carteles, imanes de nevera, pins, toallas, tazas, mantas, en unas exclusivas zapatillas deportivas Munich (marca catalana con proyección global) y hasta en un *"Keep Calm and Speak Catalan Bus Tour"* por Cataluña.

Sí, el tweet se hizo grande, muy grande, dentro y fuera de la red hasta el punto en que en la sesión del Congreso de los Diputados español donde se debatía la ley de la reforma educativa una semana después, dos diputados del grupo parlamentario catalán ERC mostraron sendos carteles al Ministro de Cultura, en el mismo pleno que un diputado democristiano, también catalán, terminaba su discurso con un rotundo *"Keep Calm and Speak Catalan"*.

Todo un máster en comunicación en medios sociales, comunicación política y márqueting en una semana, se lo aseguro.

Están locos estos catalanes

Pero, por qué un tweet que es poco más que una adaptación (otra más) de una consigna de resistencia británica y expresa una obviedad tan grande como la de hablar tu propia lengua llega a tener este tipo de trascendencia? Habría tenido la misma repercusión si en vez de decir *"Speak Catalan"* hubiera dicho pongamos por caso *"Speak French"*, *"Spanish"*, *"Italian"* o *"English"*? Os puedo asegurar que no.

Este tweet sólo funciona si lleva como objeto una lengua que haya estado minorizada y que se encuentre en lucha por su reconocimiento tanto en su ámbito geográfico y social como en el de la aldea global en el que vivimos. Si el objeto del tweet es pues una lengua que goza no sólo de plena salud sino de estatus de lengua de comunicación global y de prestigio, el reivindicativo tono original del tweet se pierde y se torna en excluyente y autoritario, casi colonial.

La historia reciente nos ha dejado ejemplos como el *"Soyez propre, parlez français"* (Sea limpio, hable en francés), campaña francesa para desprestigiar otras lenguas "regionales" francesas o el "Hable en cristiano" para situar el castellano por encima de las otras lenguas del Estado español.

En Estados Unidos, Gran Bretaña o Italia un tal mensaje habría sido probablemente criticado por los mismos hablantes. En Quebec, Escocia, Irlanda o Flandes, no.

Mi tweet encontró pues el terreno abonado en una audiencia cómplice, consciente de que su lengua y cultura viven en un constante estado de excepción sociopolítico que hace que lo que es normal en cualquier otra parte del mundo, hablar, estudiar y expresarse en la lengua propia de tu país, aquí exija una justificación permanente. Pero esto no es nuevo.

Una historia

Nací en 1965 en una familia catalanohablante y pasé toda mi infancia en Tàrrega, una pequeña localidad de 10.000 habitantes del interior de Cataluña donde la gran mayoría de sus habitantes era catalanohablante. En mi clase de 40 había un solo niño castellanohablante a quien todos nos dirigíamos en castellano. En el patio de la escuela la cosa era más compleja: los juegos y los deportes eran en catalán, pero los juegos de rol (cuando éramos el Zorro o Batman) eran en castellano, que era como hablaban nuestros héroes en el cine y la tele.

La escuela era un caso curioso. Mientras que los libros y el material escolar eran todos en castellano, los maestros más jóvenes, de la zona, realizaban sus clases en catalán sin ningún problema (matemáticas, historia y hasta la lengua castellana). En cambio los profesores de más edad, aun siendo catalanes, cambiaban instintivamente al castellano al empezar la clase y regresaban al catalán al finalizarla.

Recuerdo perfectamente el libro de lengua de segundo de básica (7 años) donde sobre un mapa de España se mostraba el idioma español con sus tres "dialectos": el catalán, el vascuence y el gallego.

Paulatinamente, y con la llegada de la democracia en el año 1975, el catalán fue encontrando su espacio natural en las aulas y pude recibir la enseñanza secundaria indistintamente en catalán o castellano sin más criterio que el de la lengua de expresión de cada profesor. Esta vez, sin embargo, teníamos la asignatura de lengua catalana donde podíamos estudiar que hay "dialectos" del latín clásico como el castellano, gallego o portugués y "dialectos" del latín moderno como el catalán, el francés o el italiano.

Durante la enseñanza secundaria estudié el francés como lengua extranjera, lengua catalana y lengua castellana, y al finalizar realicé las mismas pruebas de acceso a la universidad que el resto de estudiantes del Estado español más las de lengua y literatura catalanas. Aprobé las pruebas sin mayores dificultades. Llegados a ese punto, yo y cualquier niño de un territorio castellanohablante de España, pongamos Sevilla, teníamos las mismas opciones de entrar en la universidad. La única diferencia es que yo sabía una lengua más.

Entré en la universidad el año 1983 y el criterio lingüístico a la hora de recibir clases fue el mismo: la lengua de expresión del profesor. En catalán aprendí Álgebra, Probabilidad y Estadística, Teoría de la Computación, Teoría de Grafos y Combinatoria y un largo etcétera de materias relacionadas con las ciencias de la computación. La bibliografía era toda en inglés y mientras estudiaba las materias, casi sin darme cuenta y por necesidad, aprendí esta lengua.

Es también en el año 1983 que el Gobierno de Cataluña, con competencias exclusivas en materia de educación, decidió enseñar a todos los niños catalanes en catalán y no en función de su lengua materna evitando así la segregación por motivo de origen o idioma. Se aprueba la Ley de Normalización Lingüística que tiene como pilar fundamental la inmersión lingüística; los alumnos estudian inmersos en una lengua, la vehicular, el catalán, y aprenden castellano, una tercera lengua que es el inglés y una cuarta opcional.

Este modelo garantiza perfectamente que todos los alumnos catalanes, independientemente de su lengua materna, al finalizar la escuela secundaria tienen las mismas competencias en catalán que en castellano y que su nivel de castellano es equiparable al del resto de estudiantes de los territorios castellanohablantes de España. El modelo lingüístico catalán ha sido reconocido en la Unión Europea como un caso de éxito en el ámbito de la enseñanza en comunidades multilingües en Europa.

¿Problema? ¿Qué problema?

Si la situación real y mensurable es que todos los estudiantes catalanes, con independencia de su lengua materna, son tan competentes en castellano como cualquiera, y además saben catalán, ¿dónde está el problema lingüístico? ¿Por qué debemos cambiar un modelo educativo que hace treinta años que funciona como reconoce la comunidad educativa europea?

Groucho Marx fue quién dijo aquello de que "la política es el arte de buscar problemas, encontrarlos por todas partes, hacer el diagnóstico erróneo y aplicar los remedios equivocados" (*Politics is the art of looking for trouble, finding it everywhere, diagnosing it incorrectly and applying the wrong remedies*). Seguramente pensaba en España.

El Estado español, consciente del fuerte componente identitario que una lengua confiere a una sociedad (y viceversa), siempre ha visto como una anomalía histórica y como un estorbo las lenguas y culturas diferentes a la castellana, en vez de considerarlas como un patrimonio cultural común a preservar y potenciar.

Baste como ejemplo un extracto de la "Instrucción secreta" que el fiscal del Consejo de Castilla, don José Rodrigo Villalpando, transmitió a los corregidores de Cataluña el 29 de enero de 1716:

> "...pero como a cada Nación parece que señaló la Naturaleza su
> idioma particular, tiene en esto mucho que vencer el arte y se necesita
> de algún tiempo para lograrlo, y más cuando el genio de la Nación
> como el de los Catalanes es tenaz, altivo y amante de las cosas de
> su País, y por esto parece conveniente dar sobre esto instrucciones y
> providencias muy templadas y disimuladas, de manera que se consiga
> el efecto sin que se note el cuidado..."

Pero esta vocación centralizadora ha chocado siempre con la oposición de los catalanes y de modo notable en los últimos años. El secesionismo ha aumentado en Cataluña hasta situarse en la última encuesta en un 57% (21 enero del 2013) y el 11 de septiembre del 2012, el día nacional de Cataluña, 1'5 millones de personas (de un total de 7) tomaron las calles de Barcelona pidiendo que Cataluña fuera el próximo estado de Europa.

Esta manifestación tendría consecuencias tanto a nivel español como catalán. ¿Cómo podía ser que de golpe y porrazo tanta gente saliese a la calle cuando manifestaciones anteriores habían sumado como mucho unas 60.000 personas? ¿De dónde venía ese movimiento?

El Ministro de Cultura, Educación y Deportes de España lo tenía claro y así lo manifestó: treinta años de "adoctrinamiento" de los niños en catalán con la historia "tergiversada" por maestros catalanes llena de "falsos" mitos sobre un pretendido pasado glorioso de Cataluña empezaban a dar unos frutos que debían ser cortados y, para rematar la faena, en el Congreso de los Diputados sentenció que su interés y el de su gobierno era "españolizar a los alumnos catalanes".

El proyecto de ley educativa del ministro español gira alrededor de la pretendida facultad de los padres de elegir la lengua en que serán escolarizados sus hijos. Para el ministro la ley debería permitir a unos padres castellanohablantes de Cataluña escoger como lengua vehicular para la educación de su hijo el castellano y estudiar el catalán a nivel de lengua extranjera.

¿Pueden las preferencias de unos padres pasar por encima de los criterios de pedagogos, maestros e instituciones a la hora de decidir qué y cómo van a aprender sus hijos? En España debe ser que sí.

Aunque me hallo en las antípodas del pensamiento único del ministro y de su diagnóstico, no podría estar más de acuerdo con el análisis que realiza. El medio es el mensaje decía McLuhan y el hecho de enseñar en un idioma o en otro, el hecho de poner el foco en un territorio o en otro y el hecho de dar más importancia a un hecho histórico u otro cambia la visión que tenemos de la realidad. La historia de España, que tanto preocupa al ministro, no es la misma si se explica en catalán, en inglés o en castellano, como no es igual si se explica desde Cataluña, desde América Latina o desde Portugal.

El ministro, de manera deliberada, olvida que la historia única e inmutable no existe, existen las historias, que siempre son interesadas y escritas por los vencedores. Pero ni tan sólo éstas son inmutables sino que las visiones e interpretaciones cambian con el tiempo. ¿O no se acuerda el ministro de cuando el catalán era "dialecto" del castellano en los libros de texto?

El día que los leones tengan sus historiadores, las historias de cazadores no serán tan grandilocuentes, se lo aseguro.

Futuro

Muchos medios de comunicación interpretaron que *"Keep Calm and Speak Catalan"* era una reacción a la actitud del gobierno español frente al modelo educativo catalán. Lo es, pero es mucho más. Se equivoca quien piense que mi tweet y las reacciones que provocó son únicamente fruto de una respuesta coyuntural al proyecto de ley de un ministro español, que como todos pasará.

El éxito del mensaje sólo es posible con la suma de miles de complicidades de catalanes que al hacer retweet, al llevar la camiseta o al calzarse las zapatillas deportivas, hacen suyo el mensaje y lo difunden conscientes de la necesidad de reaccionar de manera contundente, clara e inteligente a la secular voluntad supremacista del castellano frente al catalán. Por desgracia el éxito de mi tweet así lo demuestra.

Mis padres, catalanohablantes, nunca pudieron aprender a escribir catalán en la escuela y las cartas que se mandaban durante el noviazgo debían escribirlas en un idioma que no era el suyo (haced el esfuerzo de pensar que debéis enviar un correo electrónico a alguien querido en el idioma de vuestro país vecino y comprenderéis lo absurdo de la situación). Afortunadamente mi hijo aprende en la lengua de sus abuelos con toda normalidad en una escuela pública de mi país.

Espero que dentro de nada no me haga ya ninguna gracia tuitear *"Keep Calm and Speak Catalan"*.

Wilson, Obama, Cataluña y Figueres

Enric Pujol Casademont

Enric Pujol Casademont (Figueres, 1960) es doctor en historia por la
Universidad Autónoma de Barcelona (UAB). Autor de diversos libros, entre
los que destaca la edición de su tesis doctoral Història i reconstrucció
nacional. La historiografia catalana a l'època de Ferran Soldevila (2003),
ha comisariado distintas exposiciones y ha sido uno de los responsables del
proyecto museológico y museográfico del Museu de l'Exili de La Jonquera
(MUME). Así mismo fue responsable de un área de historia y pensamiento
contemporáneo de la Generalitat de Catalunya (2005-2007). Actualmente es
profesor del Departamento de historia moderna y contemporánea de la UAB y
miembro de la Junta de Gobierno del Memorial Democràtic.

Las relaciones entre EE.UU. y Cataluña a lo largo de la época contemporánea han sido de todo tipo. Ha habido momentos oscuros, repletos de tensión, y asimismo otros muy luminosos, de gran confianza y esperanza. Algún día, que cabe esperar no esté muy lejano, habrá que emprender una historia que profundice en la relación entre ambos pueblos, ya que ésta no ha sido nunca escrita, a pesar de los múltiples vínculos que han mantenido entre ellos. Aquí y ahora, nos limitaremos a apuntar un par de episodios históricos contrapuestos entre sí.

Para empezar, un acontecimiento que cabría incluir en lo que hemos denominado "momentos oscuros": el conflicto motivado por la guerra colonial entre Cuba y el Estado español a finales del siglo XIX. En aquella ocasión, los EE.UU. apoyaron la independencia cubana, mientras que Cataluña prestó su apoyo al Gobierno español (porque, de hecho, aquel país centroamericano había funcionado prácticamente como si fuera una colonia catalana). Hubo, pues, un conflicto radical de intereses que dejó su huella en la mentalidad catalana de la época. Pocos años más tarde, sin embargo, las cosas cambiaron radicalmente.

A finales del siglo XIX, la pérdida de Cuba y de las Filipinas por parte del Estado español provocó, a su vez, un gran impacto en la sociedad catalana de la época. De forma acelerada, Cataluña adquirió conciencia de la poca eficacia del Estado español para abordar los retos que el nuevo siglo XX planteaba. Este contexto político dio alas al moderno movimiento catalanista, que aspiraba a ver reconocido algún tipo de autogobierno que le permitiera construir unas mínimas estructuras de estado. El objetivo básico era poder garantizar a la comunidad nacional catalana su continuidad como tal, con una lengua y cultura propias que tenían la voluntad de formar parte de las más desarrolladas (material y espiritualmente) de la Europa contemporánea.

La pugna con el Gobierno español por ver reconocida dicha aspiración fue muy dura, pero, ya en los momentos previos al estallido de la Primera Guerra Mundial, dio sus primeros frutos. Y en este punto llegamos a la eclosión de un segundo momento luminoso de la relación entre ambos países. El mismo año 1914, cuando se inició la guerra, se pudo constituir el primer autogobierno catalán desde 1714, conocido con el nombre de Mancomunidad de Cataluña. Fue sobre todo un gran acontecimiento de carácter simbólico, ya que las competencias políticas reales de las que dispuso fueron muy limitadas. Estas limitaciones provocaron que la reivindicación de mayores funciones no parara de crecer. Así pues se produjo una gran efervescencia nacional catalana que coincidió con los años del primer gran conflicto bélico mundial del siglo XX; un período en el cual el Estado español mantuvo una posición de neutralidad.

Desde Cataluña se procuró que Madrid concediera un Estatuto, a modo de Constitución, que reconociera el autogobierno ya existente y ampliara sus competencias. Aquella reivindicación mayoritaria del pueblo catalán no fue atendida por el Gobierno español y se incrementaron las voces que solicitaban abiertamente la independencia.

Hacia finales de la guerra mundial, los sectores que invocaban el derecho de autodeterminación de Cataluña vivieron unos momentos de gran esperanza gracias a la posición internacional adoptada por el presidente de los EE.UU., Woodrow Wilson (1856-1924). El trauma generalizado que provocó aquella guerra fue tan enorme, que en todo el mundo existía el sentimiento muy arraigado de que una experiencia tan nefasta como aquella conflagración a escala mundial no había de repetirse nunca jamás. Plenamente consciente de ello, el presidente Wilson propuso un programa de 14 puntos básicos para que ni Europa ni el resto del mundo pudiesen volver a entrar en guerra. De aquellos puntos uno tuvo una amplia resonancia en Cataluña, ya que proponía el reconocimiento del derecho de autodeterminación de los pueblos.

Diferentes sectores catalanistas, tanto de derechas como de izquierdas, vieron en las declaraciones del líder norteamericano una legitimación de sus aspiraciones para alcanzar la plena soberanía de nuestro país. Y el entusiasmo popular se desbordó. Aún hoy, un centenar de años más tarde, quedan recuerdos materiales de aquella gran efervescencia que vivió el país. Uno de estos testimonios materiales se halla en Figueres, mi ciudad. Una ciudad pequeña que no alcanza los 50.000 habitantes (ubicada a pocos kilómetros de la frontera con la República francesa) y que se ha hecho famosa en todo el mundo por ser la población natal del pintor Salvador Dalí y por acoger el principal museo dedicado al artista.

En la época de la declaración wilsoniana, la ciudad era gobernada desde hacía años por los republicanos de izquierdas, que eran unos fervientes partidarios de la autodeterminación catalana. La admiración que despertó en Figueres la declaración de Wilson fue tan grande que decidieron encargar a un escultor de mucho prestigio de la comarca, Frederic Marés, un monumento dedicado al presidente norteamericano. La escultura, que aún hoy se conserva en un lugar público destacado, es un relieve muy elegante de corte *noucentista* (el estilo neoclásico que fue hegemónico en Cataluña durante el primer tercio del siglo XX) que representa una mujer con una túnica clásica, un gorro frigio y una antorcha en la mano izquierda. La referencia simbólica a una República catalana es nítida. A su lado figura la siguiente inscripción: "Los pueblos no deben ser ni dominados ni gobernados si no es por propio consentimiento." El mismo año 1918 fue instalada en una de las avenidas más céntricas de la ciudad que inmediatamente pasó a denominarse Avenida del Presidente Wilson.

Durante la dictadura militar del general Francisco Franco (1939-1975) la escultura fue retirada de su emplazamiento inicial, ya que el mensaje del que era portador el monumento fue considerado subversivo por aquel régimen totalitario. Afortunadamente no fue destruida, sino que fue depositada en un almacén municipal durante todo el largo período que duró el régimen franquista. No fue hasta el tramo final de la dictadura, en la segunda mitad de los años 70 del siglo XX, cuando el relieve fue restituido a un espacio público. Y no fue hasta el año 2004 que se instaló en su actual emplazamiento, junto a unas dependencias municipales situadas en la carretera general.

Desgraciadamente Wilson no encontró los apoyos necesarios para llevar a cabo sus proyectos de paz mundial, y una nueva guerra internacional, aún más devastadora, estalló unos pocos años más tarde. Tampoco Cataluña vio entonces reconocidas sus aspiraciones nacionales y hubo de subsistir bajo la dictadura militar que a lo largo de los cuarenta años que se prolongó, no sólo negó cualquier forma de autogobierno, sino que también persiguió activamente la lengua y la cultura catalana.

En fecha reciente, el 25 de septiembre de 2012, el actual presidente Barack Obama hizo, desde la tribuna de la ONU, una declaración genérica sobre el derecho de autodeterminación en la que afirmó que "la libertad y la autodeterminación son valores universales". Ahora sería conveniente que el presidente norteamericano hiciera un esfuerzo de concreción y reconociera políticamente este derecho al pueblo catalán. Si lo hiciese, el entusiasmo que se generó a principios del siglo pasado quedaría empequeñecido en comparación con el que ahora suscitaría. Sin lugar a dudas alcanzaríamos el momento álgido, el más luminoso, de la relación entre ambas naciones. Quizás si alguien le pudiese explicar a Obama este pequeño fragmento de nuestra historia, él se decidiría a dar un paso en firme. Nuestra confianza y nuestra esperanza como pueblo están en sus manos.

Noticia de Cataluña

Josep M. Muñoz

Historiador y editor. Doctor en Historia Contemporánea por la Universidad de Barcelona. Muñoz es autor de Jaume Vicens i Vives (1910–1960): una biografia intel·lectual *[Jaume Vicens Vives: una biografía intelectual] (1997). Después de unos años de trabajar como gestor cultural, desde el año 2000 es el editor de la revista mensual de cultura* L'Avenç, *y de la editorial del mismo nombre, que publica libros de historia y literatura.*

En 1954, en plena dictadura militar del general Franco, el más europeo de los historiadores españoles del momento, el catalán Jaume Vicens Vives, publicaba un librito destinado a conocer cierta fortuna. Las condiciones en las que fue escrito y publicado eran las de una severa censura, en la que muchas cosas no podían ser dichas por su nombre. Para empezar, Vicens había titulado originalmente su libro *Nosaltres els catalans* *["Nosotros los catalanes"]*, pero lo tuvo que sustituir por otro más inocuo, *Notícia de Catalunya*. Hacía quince años que había terminado una devastadora guerra civil, y los catalanes, derrotados como pueblo en aquella contienda, necesitaban saber "quiénes somos" antes de emprender proyectos de futuro.

En 1960, Vicens reeditó su libro. Añadió nuevos capítulos, fruto de la evolución de su propio pensamiento. En particular, centraba ahora su reflexión en la relación que, históricamente, los catalanes habían establecido con el poder. Sirviéndose de la metáfora del Minotauro, Vicens consideraba que desde la integración de Cataluña dentro de la monarquía hispánica, los catalanes habían perdido el hábito del poder, al que veían como algo cada vez más alejado. Vicens había descrito, en sus estudios históricos, la evolución de Cataluña como las dos caras de una moneda: a la decadencia del siglo XV, con la consiguiente pérdida de la "carta de navegar" política, le había seguido, después de una nueva época de decadencia, un renacimiento primero económico y luego político y cultural.

Así, el siglo XIX catalán—un periodo de "renacimiento" económico, en el que Cataluña se acabó transformando en "la fábrica de España"—se había caracterizado por una decidida voluntad de intervención de los catalanes, hasta entonces alejados del poder, en los asuntos españoles: Cataluña quería "modelar" España a su manera, que no era más que una variante, añadía Vicens, de la forma de ser europea. Es decir, los catalanes querían dar una forma modernizadora y europeizante a un Estado español atrasado, en manos de unas clases dominantes castellanas que social y económicamente tenían muy poco que ver con la industrialización que había experimentado Cataluña. Por ello, durante muchos años los "industriales y políticos" catalanes propusieron diversas formas de reconocimiento de la singularidad catalana, al mismo tiempo que de construcción de un Estado español eficiente: el "catalanismo político", nombre que acabará adoptando este movimiento, fue siempre un movimiento de simultánea "regeneración" española.

Pero Cataluña encontraba grandes dificultades para que sus propuestas "regeneradoras" fueran aceptadas. La crisis del año 1898, en el que España perdió los últimos restos de su antiguo Imperio colonial en ultramar tras una humillante derrota a manos de los Estados Unidos, convenció a muchos catalanes de la práctica imposibilidad de aquella voluntad de "modelar" a la europea el Estado español. Y Cataluña se replegó en sí misma: Vicens subrayaba cómo los dos grandes movimientos sociales y políticos del inicio del siglo XX catalán, el catalanismo burgués y el anarquismo obrero, tenían en común su desconfianza respecto del Estado español y de la posibilidad real de modernizarlo efectivamente.

La historia del siglo XX no ha sido muy diferente, en bastantes sentidos: Cataluña ha seguido siendo uno de los motores económicos de España (representa aproximadamente el 16% de la población total española, el 20% de su PIB y el 26% de sus exportaciones), y ha seguido luchando por "modelar" España a su imagen, y para establecer un marco de convivencia que partiera de su reconocimiento como realidad lingüística y cultural, pero también social y política, diferenciada. En la España del siglo XX no ha habido democracia sin un simultáneo reconocimiento del derecho de los catalanes al autogobierno, y no ha habido dictadura sin una simultánea represión o prohibición de este derecho: así, el siglo comenzó con una tímida estructura de autogobierno (la Mancomunidad de Cataluña, 1914), que fue derogada en 1923 por la dictadura del general Primo de Rivera. Y la Segunda República nació en 1931 con el acuerdo explícito que daría un Estatuto de Autonomía a los catalanes, aprobado (no sin muchas reservas de los jacobinos españoles) en 1932.

La larga dictadura del general Franco, que se prolongó hasta su muerte en 1975, fue el resultado de una sangrienta guerra civil (1936-39), originada en un golpe de estado militar que tenía una de sus causas en la viva oposición que las fuerzas civiles que propiciaron y apoyaron el golpe sentían hacia el Estatuto de autogobierno de los catalanes, que fue inmediatamente suprimido. Como consecuencia, la dictadura decretó una dramática prohibición del uso público de la lengua catalana y planificó un intento, finalmente fracasado pero no por ello menos lacerante, de aniquilar su cultura. De la dictadura de Franco se salió con un proceso pactado conocido como "la Transición Democrática", cuyo fruto fue la Constitución de 1978, que fue conocida, quizá con un punto de exageración, como "la constitución de los catalanes", por la responsabilidad que habían tenido los políticos catalanes, tanto de derecha como de izquierda, en su redacción.

"El Estado de las autonomías" dibujado por la Constitución de 1978 significaba un reconocimiento de la pluralidad de España, pero dejaba también muchas zonas de sombra, muchas ambigüedades. Otro historiador, el francés Pierre Vilar, hizo un juicio duro cuando lo calificó de "artificio más que edificio". El edificio ha cobijado, de manera imperfecta, con tensiones más o menos constantes, las reivindicaciones mayoritarias de los catalanes durante veinticinco años. A principios de este siglo XXI, sin embargo, sus límites se habían hecho evidentes: el Estatuto de Autonomía aprobado en 1979 dentro del marco de la Constitución española no era suficiente para contener la voluntad "recentralizadora" con la que los gobiernos democráticos españoles, una vez superada la Transición, enfocaban su visión de cómo se debía articular el nuevo Estado español.

Particularmente, la operación (impulsada por la derecha con la implícita aquiescencia de la izquierda) de hacer pivotar el nuevo estado en torno a su capital, Madrid, convertida ya no en la capital política que ha sido hace siglos sino, sobre todo, en el centro del poder financiero español, ha supuesto el diseño y la articulación de un modelo "radial" donde todo comienza y todo acaba en el centro, en el "Gran Madrid". La desconfianza política hacia los dos tradicionales polos industriales de la península, que son Cataluña y el País Vasco, está claramente implícita en esta apuesta por "la España radial", una apuesta que tiene su máxima expresión en la faraónica red de trenes de alta velocidad que se comenzó a implementar en los años de la engañosa bonanza económica (y ante la que un alto funcionario estadounidense exclamó: "Esto, nosotros no somos lo suficientemente ricos para pagarlo". Pronto se descubrió que los españoles tampoco).

Mientras tanto, avanzaba el sentimiento, muy débil al inicio y del todo mayoritario ahora, que la contribución que hace Cataluña a las arcas comunes españolas no tiene una devolución suficiente en forma de inversiones y de infraestructuras: como la "España radial" se ha construido en contra de la lógica económica y sólo por razones políticas, España ha descuidado su flanco mediterráneo, que, paradójicamente, es donde se concentra su fuerza exportadora. Así, en nombre de la solidaridad interterritorial, se han modernizado los vagones, mientras se quitaba potencia a la locomotora: el resultado es que el conjunto del tren ha avanzado a menor velocidad, mientras uno de los maquinistas veía como le negaban el carbón.

Ante esta situación, las fuerzas políticas catalanas mayoritarias trataron de "blindar" las competencias del autogobierno en una reforma del Estatuto de Autonomía aprobada en 2006, después de una tramitación llena de incidentes, y que terminó, para emplear una expresión castiza, como "el rosario de la aurora": el Partido Popular (la derecha española, minoritaria en Cataluña) presentó un recurso contra la ley, que había sido aprobada por los parlamentos catalán y español y en referéndum por los ciudadanos de Cataluña, ante un desprestigiado Tribunal Constitucional. La sentencia de este alto tribunal, sometida a múltiples presiones políticas que la retrasaron hasta 2010, desautorizó los fundamentos del autogobierno de los catalanes, y parecía cerrar la vía que había abierto la Constitución española de 1978.

De esta sentencia, y de esa voluntad de "recentralización" de España en el terreno económico, pero también en el político, nace la situación presente, en el que una amplísima mayoría de los catalanes ha defendido, en la calle y en las urnas, su "derecho a decidir" que les niega explícitamente la sentencia del Tribunal Constitucional. Muchos de ellos, quizás en torno a una mitad del censo electoral, votarían, en este momento, para que Cataluña sea "un nuevo estado de Europa". ¿Qué les ha llevado hasta aquí, teniendo en cuenta que el independentismo no había sido nunca mayoritario en Cataluña, ni siquiera entre las fuerzas abiertamente nacionalistas? Me queda poco espacio, pero creo poderlo resumir así: de la misma manera que las colonias americanas se rebelaron contra el poder de la metrópoli británica con el eslogan *"No taxation without representation"*, hoy una parte sustancial de los catalanes, por un impulso más democrático que propiamente nacionalista, está diciendo que "no" a una imposición fiscal excesiva y a un reconocimiento de sus derechos políticos claramente insuficiente. La incapacidad del Estado español de enfrentar la cuestión catalana, dándole el reconocimiento político y la suficiencia financiera que los catalanes le reclaman, es lo que ha hecho pues que muchos (no todos) los catalanes entonen hoy el "Adiós, España".

La peliaguda cuestión de la lengua

J.C. Major

J. C. Major es lingüista y vive en Nueva York. Es cofundador del Col·lectiu Emma, un grupo de opinión sobre cuestiones relacionadas con Cataluña, y responsable editorial de su sitio web, "Explaining Catalonia".

"La importancia de hacer uniforme la lengua se ha reconocido siempre por grande, y es una señal de la dominación o superioridad de los Príncipes o naciones..."
José Rodrigo Villalpando, fiscal del Consejo de Castilla, 1716

"Pondrá el mayor cuidado en introducir la lengua castellana, a cuyo fin dará las providencias más templadas y disimuladas para que se consiga el efecto, sin que se note el cuidado."
De las instrucciones secretas a los corregidores enviados a Cataluña, 1717

"Nuestro interés es españolizar a los alumnos catalanes."
José Ignacio Wert, ministro de Educación de España, 2012

¿Cómo se reconoce una nación? Hay quien dice que por la raza o por la religión de la gente, pero éste no es el caso de los catalanes. Como tampoco les distingue todo lo que rodea al poder—un estado, un ejército—unos activos muy valiosos que perdieron hace muchos años. Quien quiera pruebas de la identidad nacional de Cataluña tendrá que buscarlas en el terreno de la cultura: en el conjunto de valores y costumbres que un grupo humano tiene en común y que le son propios; en la forma de hacer las cosas que comparte y reconoce como suya la gente que vive en una determinada tierra, y que también reconocen los forasteros cuando toman contacto con una tierra y una gente.

Cada cultura tiene como vehículo propio una lengua determinada, y en eso los catalanes no son diferentes de cualquier otra sociedad del mundo. Y, al igual que cualquier otra sociedad del mundo, ven en su lengua un elemento central de su carácter nacional. Debería ser fácil de entender y, sin embargo, una crítica que suele hacerse a los catalanes es que dan demasiada importancia a su lengua. Esto se debe sobre todo al hecho de que a pesar de tener un pasado bastante notable de nación soberana, haber conservado hasta hoy su cultura y haber recuperado después de muchos años una parte de sus instituciones políticas, Cataluña no es vista como una comunidad independiente, sino como un trozo de otra cosa. Efectivamente, si se define a los catalanes como un simple subgrupo del conjunto de la población española, su insistencia en hablar una lengua diferente de los otros se puede considerar una anomalía, e incluso un poco extravagante. Un forastero pragmático podría preguntar con razón si a los catalanes no les iría mejor reservar su habla local para el uso familiar o abandonarla del todo para adoptar el formidable idioma de sus vecinos, que por otra parte conocen perfectamente. Al fin y al cabo, el castellano es oficial en España, el estado al que pertenecen la mayoría de los que hablan catalán, y todos ellos tienen la obligación de aprenderlo.

También lo hablan en todo el mundo más de 300 millones de personas, la mayoría en América Latina, mientras que en España cerca de 35 millones de personas lo tienen como primera lengua. En comparación, el catalán, con un ámbito de unos 10 millones de hablantes, es ciertamente una lengua pequeña y tiene un alcance limitado. Por tanto, estaría justificado pensar que es verdad que los catalanes exageran cuando hacen tanto ruido por su relativamente insignificante idioma.

Pero detengámonos un momento a considerar si los catalanes se comportan de una manera muy diferente a otras comunidades lingüísticas de Europa. Los 6 millones de finlandeses, por ejemplo, que están instalados al lado de 170 millones de hablantes de ruso y sin embargo siguen hablando en finés como si no pasara nada, ¿dan demasiada importancia a su lengua, o sólo la justa? ¿Y qué pasa con los 5'5 millones de habitantes de Dinamarca, que van hablando danés tan satisfechos a pesar de vivir a tiro de piedra de una de las potencias económicas más fuertes de Europa, que es el hogar de casi 82 millones de germanófonos? ¿Qué distingue a los catalanes de estas pequeñas naciones? Es fácil adivinarlo: la única diferencia radica en que fineses y daneses, como son los amos de su tierra, no han de competir dentro de casa con la lengua de sus vecinos. ¿Pero no estarían preocupados por su lengua los fineses y los daneses si la vieran obligada a coexistir con la de una sociedad más poderosa, que durante mucho tiempo ha tenido el control político absoluto de sus territorios? Éste ha sido precisamente el destino de los catalanes: haber sido absorbidos dentro de una estructura política dominada por otro grupo nacional con conocidos antecedentes de imponer agresivamente su idioma y su cultura a todas las tierras que ha adquirido por diversos medios.

Puede que un observador ingenuo no sepa hasta qué extremos ha llegado la España oficial para endosar la lengua castellana a pueblos que nunca la habían necesitado. El hecho es que en cada momento de la historia y bajo todo tipo de gobiernos se han promulgado leyes y normas con la intención de desbancar a los idiomas diferentes del castellano de todos los ámbitos de la vida que exceden de las comunicaciones privadas y familiares.

Esto quiere decir que la presencia del castellano en Cataluña no se puede atribuir de ninguna manera a un proceso natural de substitución—en virtud del cual una lengua más débil y supuestamente menos útil da paso gradualmente a otra más potente y con más recursos—sino que se ha de entender sobre todo como el resultado de una estrategia de asimilación aplicada por el Estado.

De todo ello se pueden sacar dos conclusiones. Una corresponde al relato que hacen los españoles y afirma que, teniendo en cuenta la realidad política y la supeditación de Cataluña dentro de España, los catalanes tendrían que haber dejado de lado su idioma para abrazar el castellano que, bajo el nombre más elevado de *español*, fue declarado obligatorio para todos los pueblos de un vastísimo imperio y por eso puede ahora presumir de un gran número de hablantes. Vista la asimetría evidente entre los dos contrincantes, lo normal sería que el catalán hubiera desaparecido para siempre como sucedió con tantas lenguas autóctonas que han muerto o que van aguantando como alternativas de segunda categoría frente al español en la parte de América que fue forzada a convertirse en latina.

La otra conclusión, contraria a la primera, es que la lengua catalana—juntamente con la cultura que la tiene como medio de expresión y con la sociedad a la que presta servicio—debe tener algún valor intrínseco si ha sido capaz de resistir la competencia de un rival de tanta altura. Y aún más si se tiene en cuenta el grado de fuerza que ha aplicado la otra parte con el propósito de suprimirla. De hecho, viendo sus tan escasas opciones y la pétrea determinación de sus enemigos, es bastante sorprendente que el catalán haya podido sobrevivir, y por lo que parece, con muy buena salud. Sin embargo, todavía no tiene garantizada una vida tranquila ni tan siquiera en épocas como la actual, que aparentemente son de más bonanza. Hoy no se puede hablar de persecución abierta—en 2013 la gente ya no es abofeteada en público por hablar catalán, un hecho corriente al principio de los años cuarenta del siglo pasado y que todavía era un riesgo a tener en cuenta en los años sesenta—pero eso no quiere decir que la existencia de la lengua catalana—ni por cierto, de la nación catalana—haya sido aceptada dentro de la visión del mundo dominante en España. Al contrario, cada pequeño avance de los catalanes en el terreno de la lengua es visto como una merma de la posición de dominio de la que gozan los españoles en Cataluña.

A lo largo de la historia, España nunca ha jugado limpio con los catalanes, entre otras cosas en lo que respecta a la lengua, y no se puede esperar que a estas alturas cambie su manera de hacer. A cada paso vamos encontrando nuevos ejemplos de ataques—algunos sutiles y otros no tanto—que indican que el Estado no dejará correr su obsesión por erosionar la lengua como un medio para eliminar la nación. Por eso para los catalanes, hoy no menos que en otros tiempos, esforzarse en defender su lengua es una cuestión de supervivencia.

¿Es lo perfecto, siempre y en cualquier lugar, enemigo de lo bueno?

Edward Hugh

Macroeconomista independiente, especializado en la teoría del crecimiento y la productividad, y con especial dedicación a los impactos del envejecimiento de la población y otros procesos demográficos, tales como los flujos migratorios. En el ámbito internacional se le conoce principalmente por sus artículos sobre la crisis económica española y por su participación en el debate sobre la devaluación letona, Hugh también es un experto en la Crisis de la Deuda Soberana Europea y ex-miembro del consejo de administración de Catalunya Caixa. Colabora habitualmente en varios blogs de amplia difusión, entre ellos A Fistful of Euros, Roubini Global Economics Monitor *y* Demography Matters, *y mantiene una activa y dinámica comunidad en Facebook.*

En el contexto de una situación que presenta inquietantes similitudes con acontecimientos que tuvieron lugar al norte hace más de treinta años, Cataluña amenaza actualmente con separarse de España. Al hacerlo, parece que la región esté poniendo en riesgo el futuro del país donde se encuentra y con ello el futuro del euro y el proceso de unificación europea.

Obviamente, el paralelismo se da con el impulso al proceso de independencia báltico y su impacto sobre el desafortunado intento de Mijaíl Gorbachov de reformar pacíficamente una Unión Soviética en proceso de desintegración. Como dijo Aleksandr Yakovlev, uno de sus colaboradores más cercanos por aquel entonces, las ideas de quienes pretendían conseguir la independencia estaban "fuera de la realidad" y cualquier expectativa de que las Repúblicas Bálticas pudieran recuperar la independencia que tenían antes de la anexión soviética en 1940 era "sencillamente poco realista". Incluso en febrero de 1991, el propio Gorbachov seguía considerando ilegal la votación lituana—calificada por los líderes de los países como una encuesta de opinión no vinculante—y ello pocos días antes de que tuviera lugar.

¿Les suena? Debería ser así, ya que estos mismos argumentos se esgrimen actualmente en otro lugar de Europa. No es sólo la Administración española la que opina que cualquier votación celebrada en Cataluña sobre la conveniencia de separarse o no de España sería ilegal, sino que las actitudes de los que están fuera del país están condicionadas en gran medida no por los méritos u otros aspectos del caso catalán, sino por el temor de lo que pueda sucederle a España si Cataluña se marcha.

Pese a que los catalanes se dedican a divulgar entre ellos el convencimiento de que un nuevo estado sería viable económicamente, pocos de los que están fuera dudan de que así sea. Por ejemplo, el anterior economista jefe del FMI, Kenneth Rogoff, comentó hace poco que Cataluña es por sí misma una de las regiones más ricas de Europa. Simplemente una obviedad. Lo que realmente preocupa a los observadores externos es la posterior viabilidad de España, y con ello el futuro del euro. Parece que la cuestión está en que si España es demasiado grande para que se permita su caída, Cataluña es demasiado pequeña para tener derechos inalienables.

Creo que es por este motivo que la causa catalana despierta pocas simpatías más allá de los límites de lo que se denomina a menudo el "Principado".

Muchos creen que Cataluña es egoísta—igual que lo pensaron en su momento de los ciudadanos de los países bálticos—ya que pone sus propios intereses (una fiscalidad más equitativa, el derecho a un equipo nacional de fútbol) por delante de los colectivos (recuperación económica, más unidad política en Europa, etc.). Pero esta manera de ver las cosas es básicamente imperfecta, como lo fue en Estonia, Letonia y Lituania. El movimiento a favor de la independencia de Cataluña es ante todo y desde su núcleo central, un movimiento democrático. Por ello, lo que debería preocupar al mundo exterior no es si el Gobierno central de Madrid considera legal la consulta, o si los catalanes tienen buenos argumentos. Si los catalanes votan de manera pacífica y democrática, y con una mayoría significativa, que quieren crear un estado aparte, es evidente que son contados los días en que esta región estará dentro de las fronteras del Reino de España. Salvo que se retenga a los catalanes dentro de esas fronteras mediante la fuerza, en cuyo caso se cuestionarán algunos de los principios fundamentales del Tratado de Europa. De ahí el dilema fundamental que plantea a toda la Unión Europea el movimiento pro-independencia de Cataluña.

En estas circunstancias, los observadores externos deberían fijar su atención en cuál será el resultado de la votación. Después de todo, lo que los catalanes piden actualmente es "el derecho a decidir", y serán ellos los que decidirán finalmente. Como dice la célebre cita: "Mi país, tanto si está en lo cierto como si está equivocado".

Aquí nada es inevitable. Como en el caso de la salida de Grecia del euro, más allá de lo conveniente no existen límites jurídicos *ex ante* respecto a los límites de lo posible. Lo que es importante para todos es que la solución definitiva sea ordenada y pacífica.

En este contexto, mensajes tales como que el nuevo país, en caso de que se cree, debería solicitar su adhesión a la Unión Europea no son más que palabrería, igual que las manifestaciones de la administración española asegurando que vetarían esa solicitud son sólo vanas amenazas. Esos comentarios están fuera de la realidad. Son sólo un mal e ineficaz intento de alterar el resultado de la votación. Al presidente Mas de Cataluña, no le falta razón cuando afirma que los redactores de discursos del Partido Popular son una fábrica de independentistas.

Si la deuda soberana de España ya está en una situación insostenible, ¿cuánto menos sostenible sería si el PIB del país se redujera de repente en un 20%? El sentido común dice que hay que entablar negociaciones en las que se pida a Cataluña que acepte una parte de la deuda preexistente, igual que el sentido común indica que el sistema financiero de Cataluña, con unos activos por un valor aproximado de 500.000 millones de euros (mucho mayor que su equivalente griego) sería autorizado a permanecer en el eurosistema. Las alternativas—y sus consecuencias mucho más allá de las fronteras de Europa—son impensables.

Por supuesto que a veces sucede lo impensable, especialmente cuando la mayoría de los actores clave creen que no será así. Cataluña ha decidido celebrar una especie de "consulta" o "encuesta de opinión" durante 2014. Como en el caso de Lituania, el resultado puede no ser vinculante, pero algunos se sentirán contentos por el hecho en sí, y considerarán que el resultado no será significativo ni incluso decisivo, para el futuro de Europa a corto plazo.

Como he dicho, aquí nada es inevitable ni se puede predecir. Pero evitar la predestinación implica enfrentarse a los hechos y no, como ha hecho recientemente en el contexto griego la directora general del FMI, Christine Lagarde, expresar un deseo. Y en este caso los hechos son que el diálogo entre Cataluña y el resto de España se ha roto. Los catalanes están cansados de que no se les escuche, mientras que el resto de España está cansado de los catalanes y de sus constantes peticiones de más autonomía. En un extremo está el "cansancio español" y en el otro el "agotamiento catalán". Se ha traspasado el punto en que se puedan buscar y encontrar internamente soluciones ordenadas.

La mayoría de los observadores externos esperaban que el Gobierno central hiciera alguna clase de oferta después de las elecciones catalanas, pero después de interpretar el resultado como un revés y una derrota del presidente Mas, la única "oferta" enviada a Barcelona fue "españolizar" a los niños mediante la reforma del sistema educativo catalán, lo que ha unido a los catalanes alrededor de su nuevo gobierno. Por ello, es crucial una intervención decisiva por parte de los líderes políticos europeos. Les guste o no, no tienen otra alternativa que convertirse en intermediarios en la búsqueda de soluciones viables. De lo contrario, ignorarlo sólo propiciará lo que todos desean evitar.

No es casualidad que los países bálticos vieran que había llegado su oportunidad justo en el momento de mayor debilidad rusa, y que los catalanes vean la única posibilidad real de lograr su objetivo de tener un estado propio cuando España está llegando al límite y posiblemente en situación de declive terminal. Algunos, reconfortados por los escritos de Francis Fukuyama, creen que lo que sucede en España es simplemente un desafortunado contratiempo en el difícil camino de llegar a ser una democracia madura, pero hay otras lecturas posibles más sombrías. Esta crisis no es sólo cíclica o coyuntural, y existe una posibilidad real de que los problemas del país sean tan complejos que los líderes españoles no puedan solucionarlos sin recurrir al impago como en Argentina. Es precisamente la falta de confianza en la capacidad de la clase política española para resolver la desesperada situación económica del país y la creciente frustración ante la insistencia permanente de que todo irá bien a partir de mañana lo que impulsa a los catalanes hacia la puerta de salida. Si el edificio se quema, no quieren que les coja dentro. Como solía cantar Janis Joplin, a veces la libertad es "sólo otra manera de decir nada que perder".

En las críticas semanas y meses venideros, creo que es importante que todos los participantes tengan presente que cuando tuvieron lugar las votaciones bálticas, y cuando el declive de Gorbachov fue inevitable, las actitudes hacia los nuevos países cambiaron rápidamente. Actualmente los tres son miembros consolidados de la Unión Europea, y el pasado es simplemente eso, el pasado. Muchos catalanes me dicen que lo que hacen no es por ellos sino por sus hijos y nietos. Unos pocos años de turbulencia económica, considerados en esa escala temporal, parecen poca cosa. En interés del bien común, es preciso encontrar soluciones—soluciones que puedan satisfacer las aspiraciones de los catalanes y también garantizar la estabilidad en Europa. Si no empiezan pronto a buscarlas, el tiempo se agotará inexorablemente y lo probable se convertirá en inevitable. Nos lo dice la simple aplicación de las reglas de la teoría de juegos. No se puede perder ni un día. Ustedes saben que tiene sentido.

¿Qué nos ha pasado, a los catalanes?

Salvador Cardús

Doctor en Economía por la Universidad Autónoma de Barcelona (UAB). Profesor de Sociología en la UAB. Investigador visitante en la University of Cambridge, Cornell University y el Queen Mary College de Londres. Investigador en sociología de la religión, identidad nacional y medios de comunicación. Ha publicado, entre otros, Plegar de viure [Los suicidios], *con Joan Estruch,* Saber el temps *y* El camí de la independència. *Colabora en el* Ara, La Vanguardia *y* Catalunya Ràdio. *Es miembro del Institut d'Estudis Catalans (2008) y del Consell Assessor de la Transició Nacional (2013).*

La interpretación del pasado

No es nada fácil explicar a un lector que no conozca la realidad social, cultural y política catalana cómo se ha producido el despertar independentista en la Cataluña de estos últimos años. Aquellos que acaban de descubrirlo y desconocen los antecedentes históricos y los fundamentos políticos de todo ello, es posible que busquen cuáles pueden ser las causas inmediatas de una voluntad de ruptura estatal que, inevitablemente, les parecerá caprichosa, incluso oportunista. Efectivamente, la lejanía y el desconocimiento de las realidades internas y particulares hacen que los aspectos externos y generales, los más aparentes, los más tópicos, los más estereotipados, parezcan "naturales". Como por ejemplo que Cataluña es España, de una manera "natural". Y cuando se rompe esta "naturalidad", es normal que en lugar de pensar que quizás aquella imagen tópica que teníamos era ficticia o forzada, se pidan explicaciones a los que han desvelado lo que se ignoraba.

Los catalanes, actualmente, nos encontramos en este caso: tener que explicar y justificar lo que es la realidad profunda del país, y tener que defenderla en contra del tópico y la ficción. ¡Adelante, pues! Hay que empezar recordando que a lo largo del siglo XX, primero fue la dictadura franquista la que nos asimiló a un todo español inseparable bajo pena de represión si se expresaba la diferencia cultural, lingüística, política o económica. Acabada la dictadura, con la delicada Transición a la democracia, se volvieron a enmascarar las aspiraciones nacionales de los catalanes y se pretendió que habían quedado resueltas con un modelo político conocido como la "España de las Autonomías", cuya exaltación era necesaria para consolidar toda la nueva estructura democrática. Así pues, son cuarenta años de españolidad forzada por la dictadura, y otros treinta con la promesa de que la consolidación democrática de España permitiría, si se hacía pacíficamente, hacer evolucionar Cataluña hacia formas desarrolladas de autogobierno y de respeto a su realidad nacional. En total, más de setenta años que han ocultado al mundo exterior que éramos una sociedad "diferente". Sí: Cataluña es tanto o más "diferente" que Escocia o Quebec, pero las circunstancies políticas lo han ocultado. La vieja nación histórica, la realidad cultural y lingüística tan distinta de la española, la voluntad de recuperar las libertades políticas perdidas en la Guerra de Sucesión de 1714—la verdadera primera guerra europea—habían quedado políticamente constreñidas por un amplio nacionalismo regionalista y por un secesionismo minoritario desde un punto de vista interno, e internacionalmente, sólo las conocían unas minorías culturalmente ilustradas.

Por lo tanto, lo primero que hay que dejar muy claro es que todo lo que ahora sucede en Cataluña no es resultado de un brote inesperado de locura política, de xenofobia étnica o de tacañería insolidaria desatada a causa de la recesión económica actual, sino fruto de la maduración de una aspiración histórica. Un proceso que ha tenido, es cierto, expresiones muy diferentes a lo largo del tiempo y que, en esta última fase, por las razones que intentaré exponer, se ha decantado de modo mayoritario por aspirar a disponer de estructuras de estado—a ser posible, manteniéndonos dentro de la Unión Europea—realizado pacíficamente y a través de un proceso de autodeterminación democrática. Esta expresión de una voluntad mayoritaria no sólo ha sorprendido a la opinión pública internacional, sino que ni siquiera España la había previsto, dado que siempre ha menospreciado la aspiración nacional de los catalanes. Y es que desde España se consideró que el modelo autonómico establecido por la Constitución de 1978 no sólo resolvía las aspiraciones históricas de vascos y catalanes, sino que se confiaba en que las disolvería en un proceso de mera descentralización administrativa.

El fracaso del modelo autonómico

Sin embargo, aquel modelo autonómico que generalizó una aspiración política de dos naciones históricas hasta convertirla en 17 regiones administrativas, ha fracasado doblemente. Por un lado, porque no ha satisfecho las aspiraciones de vascos y catalanes, en diferente medida y por razones que ahora sería largo de explicar. Por otro lado, porque el proyecto nacional español, profundamente centralista y homogeneizador, se ha sentido amenazado por su propio invento. La descentralización administrativa ha introducido muchas ineficiencias económicas y políticas y, con toda la razón, el Estado se ha sentido debilitado.

Las resistencias al proceso autonómico por parte española empezaron a hacerse oír desde el primer momento; esta fue la principal motivación del golpe de estado de 1981. Además, en la práctica se había estado legislando con el objetivo de invadir competencias autonómicas para que el gobierno central pudiera recuperarlas. Pero lo cierto es que la formulación teórica explícita de este antiautonomismo hay que situarla a partir del año 2000 y de la mano del partido conservador, el Partido Popular y de su presidente José María Aznar. Desde entonces, el fracaso del modelo autonómico ya no fue una especulación propia del supuesto victimismo catalán, sino el pretexto de un proyecto bien articulado para la recuperación de los poderes autonómicos establecidos en los distintos estatutos de autonomía.

Por parte catalana, la conciencia amplia del fracaso del modelo autonómico llega unos años más tarde. Cuando en 2004 el Parlamento de Cataluña pone en marcha un proceso de reforma del Estatuto de 1979 sobre el que se fundamentaba la autonomía política, existía una escasa conciencia popular de la insuficiencia del modelo en el momento de satisfacer las expectativas nacionales. En aquel momento, eran más conscientes de las insuficiencias autonómicas los partidos políticos que los ciudadanos. De modo que cuando se inicia la reforma, liderada por el entonces presidente Pasqual Maragall, la idea que justificaba aquel proceso era la de precisar con rigor el terreno del Estado y el de la autonomía catalana para evitar las tensiones permanentes. Ahora bien, cada fuerza política parlamentaria tenía objetivos significativamente diferenciados. Para los socialistas, liderados por Pasqual Maragall, la ambición era conseguir un encaje político de Cataluña con España de carácter federal. Para los nacionalistas de CiU, el objetivo era el reconocimiento de la realidad nacional catalana con un acento especial en la igualdad de la lengua catalana y española como lenguas oficiales con los mismos derechos y deberes y en la modificación del modelo de financiación regional. Finalmente, los independentistas de ERC apoyaban la reforma del nuevo Estatuto confiando en que supondría el inicio de una nueva transición que permitiría avanzar en su línea declaradamente secesionista.

Pero el Parlamento español, del cual dependía la ratificación del proyecto de reforma estatutario, en 2006 hizo desaparecer del texto la mayor parte de las mejoras significativas que se proponían para el autogobierno. Aún peor, el Tribunal Constitucional acabó de enmendar de manera restrictiva aquella nueva ley, a pesar de que ya se había sometido a referéndum en su versión recortada y de haber conseguido un voto afirmativo resignado. La conciencia de fracaso de todo el proyecto, que ya había empezado a hacerse explícita desde 2006, se generalizó rápidamente a partir de 2010. La sociedad civil catalana pasó por delante de la clase política en la exigencia de un nuevo marco político soberanista. La eclosión final llegó con la manifestación del Once de septiembre de 2012, el día en que se celebra la fiesta nacional catalana.

De todos modos, lo más difícil de documentar de forma breve y clara, es lo que aquí sólo puedo sostener como hipótesis. Y es el hecho de que el desencadenamiento de la reacción secesionista, hasta llegar a situarse según la mayoría de encuestas rigurosas entre el 55 y el 60 por ciento de la población con derecho a voto, tiene que ver con un proceso de humillación que ha sido constante desde finales de 2006. Digo que no es fácil demostrarlo de manera rápida porque se trata de un proceso de cambio de estructura emocional, alimentado sobre todo por provocaciones políticas a menudo de una gran fuerza simbólica más que jurídica. Ahora bien, es innegable que la crisis económica ha puesto aún más al descubierto el injusto trato fiscal—el espolio, en términos de combate político—y el maltrato en las inversiones públicas, un hecho que ha acompañado y apoyado a esta transformación política tan notable.

Perspectivas de futuro

No es que sea difícil imaginarse, desde Cataluña, el colapso político que este independentismo mayoritario ha provocado en España. La reacción española ha sido de una bajísima calidad democrática, inimaginable en ninguno de los países del propio entorno. Lo habitual han sido las amenazas, los insultos y no se ha evitado el recorrer al juego sucio. Tampoco es aún el momento de entrar en detalles, porque previsiblemente esta visceralidad todavía se acentuará más a medida que se acerque la toma de decisión final. En cambio, por parte catalana, lo que puede sorprender más es el carácter poco dramático con que se vive esta expectativa de emancipación nacional por parte de la mayoría de población. De modo que el voto contrario al reconocimiento al derecho de decidir de los catalanes se ha mantenido en las últimas elecciones en el 20 por ciento de los votantes y en un 14 por ciento del censo electoral. Incluso se podría considerar que en esta desdramatización sobre las implicaciones del proceso existe un cierto punto de inconsciencia sobre la gravedad de la propuesta. Pero lo cierto es que la mayoría de independentistas consideran que simplemente están apelando a un derecho democrático que no merece, debido a su carácter pacífico, la irritación con que se ha recibido. Y no hay que decir que esta falta de sentido dramático se da especialmente entre las generaciones más jóvenes, que no vivieron el pasado franquista del país ni la transición a la democracia y que por lo tanto no han desarrollado ningún sentimiento de lealtad a una constitución española que consideran desleal con Cataluña.

Naturalmente, contribuye a todo ello el hecho de que el proceso de globalización, aunque parezca una paradoja, convierte cada vez más en irrelevantes las ventajas de un estado grande y las fronteras amplias. Sí: el mundo está cada vez más interconectado, cada vez es más interdependiente, de tal modo que la independencia ya no supone un riesgo de aislamiento ni tan sólo en Europa que carece de fronteras físicas. Es por ello que, en el mismo sentido, los catalanes dan por hecho que su independencia tendría todo su sentido dentro de la Unión Europea, y no solamente en su forma actual, sino en lo que tendrían que acabar siendo unos Estados Unidos de Europa, de estructura similar a la norteamericana. De hecho, pocas veces se tiene presente que una Cataluña independiente, por demografía, ocuparía el decimotercer lugar entre los cincuenta actuales Estados Unidos de América, y el lugar decimosexto entre los 27 estados de la Unión Europea, si bien el noveno por PIB (datos del FMI, de 2011).

El futuro de Cataluña es incierto, y el combate está entre la defensa de la razón de estado por parte española y la fuerza de la expresión de una voluntad democrática que muchos catalanes consideran que tendría que estar por encima de cualquier legalidad previa. No obstante, antes de dos años sabremos cuál es el desenlace de todo ello.

Nuestro lugar en el mundo

Vicent Partal

Periodista valenciano. Fundador y director de VilaWeb.
Ha trabajado en diversos medios de comunicación como El
Temps, TVE, *o* La Vanguardia, *principalmente como reportero*
internacional. Ha publicado diversos libros sobre comunicación
y política y ha sido galardonado con el Premi Ciutat de
Barcelona *de periodismo y el premio* Nacional de periodismo. Es
vicepresidente del European Journalism Centre.

En el momento en que Cataluña se convierta en un estado independiente, será al mismo tiempo una de las naciones más antiguas y el estado más nuevo del planeta. Una nación que intentará descubrir qué papel puede desempeñar en el mundo y un estado que tendrá que adaptarse a las condiciones tremendamente cambiantes de la política internacional contemporánea.

Ahora bien, ¿qué papel debe desempeñar Cataluña en el mundo? Nosotros no somos ni seremos nunca, ni aunque algún día se reúnan todos los Países Catalanes, una potencia demográfica, económica o política. No estaremos entre los grandes, entre los que basándose en las cifras macro, el mundo considera los grandes. Pero no importa. Simplemente tenemos que saberlo, tenemos que asumirlo y tenemos que ser capaces de construir un camino propio que nos permita estar presentes en el mundo.

Nunca formaremos parte del grupo de los grandes, pero podemos estar muy fácilmente en el grupo de los buenos. Hoy en día el mundo se refleja en sociedades como Finlandia, como los Países Bajos, como Islandia, como Dinamarca o Nueva Zelanda. Sociedades sólidas, con un tamaño razonable y suficientemente estructuradas y flexibles para ofrecer a sus ciudadanos la mejor sociedad del bienestar imaginable. Una Dinamarca o una Finlandia pero en el Mediterráneo es un objetivo que con toda seguridad nos convertiría en uno de los países más atractivos de la tierra, sin ninguna necesidad, insisto, de ser de los más poderosos.

Joseph Nye, de la Universidad de Harvard, ha puesto en circulación, puso en circulación a principios de siglo, la idea, el concepto, del *soft power*. En contraposición al *hard power* como se deduce fácilmente. El *soft power* consiste en conseguir un respeto y una estatura no a base de ejercer ninguna coerción sino a base de la seducción permanente.

Es fácil de entender: si cierran los ojos o piensan, por ejemplo, en la palabra Brasil lo más normal es que se dibuje una sonrisa en su rostro. Tiene *soft power*, el mundo reconoce Brasil, más allá de la idea de un gigante económico, demográfico y cultural, como un país amable y atractivo. En cambio, si piensan en la palabra Irán, difícilmente aparecerá la sonrisa y más probablemente surgirá un gesto de preocupación. Se respeta a Irán porqué se le teme, pero ello no es positivo. Curiosamente los Estados Unidos mantienen desde hace décadas una mezcla de *soft* y *hard power* a base de combinar Hollywood y Silicon Valley con los portaaviones de Fort Bragg, para resumirlo de manera sencilla.

Cataluña es un país profundamente cívico y civilizado. Seguramente el hecho de que no hemos tenido un estado propio desde hace trescientos años nos ha obligado a serlo. Somos un país cuya fiesta principal consiste en regalarnos unos a otros millones de libros y flores, donde la tradición nos hace crear torres humanas en las que todos apoyamos a todos y donde el club bandera de nuestro deporte, el Futbol Club Barcelona, es reconocido en todo el mundo como un equipo con unos valores éticos y estéticos destacables.

Cuando preguntas con qué asocian de forma inmediata a Cataluña, en todo el mundo, la gente responde que asocia nuestro país al buen fútbol pero también al arte de Gaudí, Miró o Picasso. Y a la buena cocina, a la creatividad de Ferran Adrià por ejemplo. Recientemente una movilización democrática masiva en Barcelona ha impresionado al mundo por su absoluta falta de incidentes con caras alegres en medio de la mayor crisis que ha visto Europa.

Raramente se nos vincula a un concepto de *hard power*: no tenemos ejército ni multinacionales agresivas. Y ello es bueno y positivo en este mundo en que vivimos.

A la lista de motivaciones *soft power* de Cataluña hay que añadir una que es clave y muy evidente: la ciudad de Barcelona. Barcelona es una de las ciudades más admiradas del mundo. Da igual lo que pensemos sobre ella los que vivimos aquí cada día. Pongamos un concurso en cualquier web del mundo cuyo premio sea a qué ciudad quiere ir quien gane: Barcelona saldrá.

Esto es una gran ventaja. En cualquier lugar del mundo la pregunta "qué país es Cataluña" tiene una gran respuesta en "el país de Barcelona". Hoy en día Barcelona todavía es más conocida que Cataluña, pero comparte con Cataluña, por motivos evidentes—ya que no es en balde la mitad del país—los valores y la imagen del país. Sacar provecho de ello sería una actuación razonable.

Barcelona es, además, el puerto de salida de la catalanidad al mundo. Es una ciudad indiscutiblemente cosmopolita, pero al mismo tiempo su característica esencial más relevante es la catalanidad. La visibilidad global de Barcelona aporta así una visibilidad global a Cataluña que si no tuviera la capital requeriría una inversión imposible. Barcelona vive de la catalanidad del país entero, pero también resalta lo mejor de lo mejor de cualquier punto del país. Es una relación simbiótica, como una especie de delta, tan fructífero y exuberante como lo son todos, en cualquier mar del mundo.

Impulsar y hacer crecer esta imagen *soft power* de Barcelona y Cataluña es un proyecto que se adecúa a nuestra manera de ser y también a nuestros intereses. No haremos nada artificial. Nos bastaría con dejar que las cosas sucedan tal como son en realidad.

En el proceso que nos ha llevado hacia la independencia ha destacado en gran medida la presencia de una sociedad enormemente plural y activa que ha hecho cosas impensables en otras latitudes. El proceso de celebración de los referéndums populares, por ejemplo.

Repasemos los datos básicos de este movimiento: se realizaron siete series de referéndums entre 2009 y 2010. En total se hicieron consultas en 518 de los

947 municipios de Cataluña, incluidos todos los municipios importantes. Y votaron cerca de 900.000 ciudadanos, superando el veinte por ciento del censo electoral. Lo que es sorprendente es que este movimiento se hizo completamente al margen de los organismos estatales. Decenas de miles de personas construyeron literalmente un estado durante unas horas a pesar del hecho de que organizar un proceso electoral es una de las tareas más difíciles que puede realizar un estado. Lo hicieron respetando un protocolo pactado, las normas internacionales que validan cualquier votación y ofreciendo a sus conciudadanos la posibilidad de expresarse que hoy todavía nos niega el estado al que pertenecemos.

Esta impresionante movilización, el veinte por ciento de la población participando en un proceso autoorganizado, explica muy claramente la clase de país que somos. La reacción del Estado fue prohibir las consultas y mandar a la extrema derecha a provocar en la primera que tuvo lugar. Pero no le sirvió de nada. Fue una reacción que recordó la práctica de construcción comunitaria, tan valiosa hace décadas por el movimiento a favor de los derechos civiles de los afroamericanos. Un auténtico *empowerment* de la ciudadanía.

Esta es la clase de cosas que Cataluña puede aportar al mundo, estos son el ejemplo y el modelo que nos pueden posicionar y dar relevancia. No como una superpotencia. Sólo como un país decente.

¿Cómo hemos llegado hasta aquí?

Cristina Perales-García

Doctora en Periodismo y Ciencias de la Comunicación por la Universidad Autónoma de Barcelona. Sus líneas de investigación se centran en el estudio de la construcción de la identidad que hacen los medios como actores políticos. Es miembro del grupo de investigación UNESCOME (Cátedra Unesco del Diálogo Intercultural Mediterráneo) en la Universidad Rovira i Virgili y del ComRess (Comunicación y Responsabilidad Social) del Instituto de la Comunicación (InCom) de la UAB. Ha trabajado en diversos medios de comunicación, tanto escritos como audiovisuales. Actualmente combina su trabajo como docente e investigadora con colaboraciones como analista política en distintos medios, desarrolla diversos proyectos de investigación relacionados con los medios y la identidad política.

La Transición española (1975-1979) no atendió las aspiraciones soberanistas de algunos territorios que reclamaban el reconocimiento de sus singularidades, como fue el caso de Cataluña y el de Euskadi. Las prisas por entrar en un período de democracia, por romper con una herencia dictatorial de 40 años de estancamiento y la creencia de una España única y unida, no han servido para suavizar el reclamo que las naciones dentro de España piden actualmente, unas naciones que no han sido nunca reconocidas oficialmente por el gobierno central ni por la Constitución Española (CE).

Las discrepancias por parte de sensibilidades nacionalistas en torno a la definición del Estado y la vertebración de España en comunidades autónomas es consecuencia de una serie de contenciosos[1] mal resueltos o no resueltos como son el de la estructura del Estado o la definición de la identidad colectiva de las comunidades autónomas, ya que en su seno existen colectivos con diversas identidades diferenciadas que responden a diversos grados de nacionalización; y, finalmente, un modelo antagónico entre partidarios de ideologías de izquierda y de derecha. La suma de estos conflictos centrales se ha dirimido entre sujetos históricos[2] que batallan por definir la sociedad nacionalista catalana o vasca o el controvertido marco de la soberanía política.

La incertidumbre de España a partir de 1975

Con la redacción de la Constitución Española (CE) se pretendía dar respuesta jurídica a las aspiraciones políticas de las nacionalidades históricas. El artículo 2 de la CE, que es el que explícitamente define el concepto España aunque de forma poco clara, según se deduce de la literalidad del texto, acepta la existencia de realidades singulares. No obstante, sólo reconoce una nación única e indivisible:

> *"La Constitución se fundamenta en la indisoluble unidad de la Nación española, patria común e indivisible de todos los españoles, y reconoce y garantiza el derecho a la autonomía de las nacionalidades y regiones que la integran y la solidaridad entre todas ellas." (Art. 2 CE, 1978)*

La ambigüedad de la definición, que determina la relación entre España con las llamadas "nacionalidades"[3], buscaba obtener el apoyo y adhesión al texto

---

1   Entendemos por contencioso aquellos conflictos y litigios sometidos al conocimiento y decisión de los tribunales.

2   Para Ramón Zallo (1997) los sujetos históricos son agentes sociales o políticos que pretenden administrar su propio destino en clave de conflicto dentro del vigente orden establecido.

3   Las 'nacionalidades' que propone la CE vienen a definir las realidades políticas de los territorios históricos de España desde la óptica de la teoría política germana,

constitucional por parte del mayor consenso político que facilitara su aprobación. Era la forma en la que se decidió dar paso a la democracia política, que se presentaba incierta después de cuarenta años de dictadura. A pesar de todo, después de más de tres decenios desde la aprobación de la CE, continúan existiendo los conflictos políticos que ponen en cuestión la conveniencia de la actual estructura territorial del Estado español.

El proceso de creación del Estado autonómico

El primer gobierno de la recién democracia española que surge en 1977 y capitaneado por Adolfo Suárez (UCD, partido conservador moderado que dio paso al PP) se encarga de poner en marcha la maquinaria de la descentralización administrativa del Estado, es decir, de construir el Estado de las Autonomías que antes tenía que pasar por la creación de un mínimo consenso para elaborar y aprobar un marco constitucional donde se situara el sistema autonómico. En este momento comienzan a reconocerse los derechos históricos de los territorios vasco, catalán y gallego. Fue un primer paso hacia la constitución oficial de las nacionalidades, término que en breve recogió y formuló la CE y que tantas susceptibilidades ha creado. En este contexto preautonómico, el Gobierno ve la necesidad de definir la realidad territorial y política de España, que sin duda, se debía recoger en la futura norma básica.

Una vez finalizado el periodo de Transición, que culmina con la aprobación y entrada en vigor de la CE[4], se convocan elecciones. Los comicios generales se celebraron el 1 de marzo de 1979 y consolidó la UCD como la fuerza política legitimada para encaminar los pasos de la democracia. Asimismo, su líder, Adolfo

---

es decir, respetando las singularidades culturales y lingüísticas, pero descargadas de cualquier pretensión soberanista, propia de cualquier nación.

4   La comisión constituyente aprobó la CE el 20 de junio de 1978 y quedó ratificada por el pleno del Congreso el 21 de julio de ese mismo año. Una vez aprobado el texto en el Parlamento, el articulado pasa al Senado, que acabó aprobándolo el 5 de octubre de 1978 aunque proponiendo algunas enmiendas. El texto definitivo de la CE quedó suscrito por el congreso el 25 de octubre (con 325 votos a favor, 6 en contra y 14 abstenciones) y por el Senado seis días después, el 31 de octubre (con 226 votos a favor, 5 en contra y 8 abstenciones). Posteriormente, el 6 de diciembre de 1978, la CE se sometería a referéndum popular (de un censo total de 26.632.180 ciudadanos mayores de edad, un 67'1% ejerció su derecho a voto, se registró casi un 33% de abstención. El 87'9% de los votos emitidos confirmó el texto y un 7'8% lo rechazó. El 3'5% fueron votos en blancos y 0'7% de los votos fueron declarados nulos). El Rey revalidaría el texto ante las Cortes Generales el 27 de diciembre de 1978 y dos días después se publicaría en el BOE (Boletín Oficial del Estado), día en que también entró en vigor.

Suárez, dimitió en enero de 1981 a causa del desmembramiento de su partido. La corona no le dio apoyo. Le sucedería en el cargo Leopoldo Calvo-Sotelo[5].

La nueva etapa política que se inicia con Calvo-Sotelo pone en evidencia la debilidad del proyecto de construcción del Estado de las Autonomías. Después del golpe de estado militar, que entre otras cosas sirvió para señalar que la democracia era aún muy frágil y que había sectores que temían el "desmembramiento de la patria", el presidente del Gobierno intentó reconducir la cuestión autonómica con la aplicación de la Ley de Armonización del Proceso Autonómico (LOAPA). El objetivo de esta ley era regular las cuestiones relativas a la organización territorial de un Estado que estaba en pleno proceso de reinvención.

El 31 de julio de 1981, el presidente del Gobierno y el líder de la oposición, Felipe González, plasman las conclusiones del documento en los primeros pactos autonómicos. Calvo-Sotelo y González entienden que era necesario emprender reformas destinadas a unificar el máximo de criterios posibles sobre la cuestión territorial. Las aspiraciones autonómicas vasca y catalana servían de modelo a reivindicaciones nacionalistas que se extendían a otras regiones, por este motivo el Gobierno estimó necesaria la elaboración de una ley de armonización. Esta ley permitiría que el Estado español se uniformara administrativamente en autonomías y se mitigaran los agravios comparativos que se pudieran suscitar de los casos vasco y catalán. Es lo que a posteriori se conocería como el método 'café para todos', tan criticado desde Cataluña y Euskadi.

Con la elaboración de la ley de armonización se dibujó el mapa de España, que quedó comprendido por dieciséis autonomías (todas ellas con las mismas instituciones; aunque con diferentes competencias) y dos ciudades autónomas, Ceuta y Melilla. De entre las autonomías hay diferencias que ya quedaron plasmadas en la ley: se consideraron "nacionalidades" cinco de ellas (País Vasco, Cataluña, Galicia, Andalucía y Comunidad Valenciana), se declaró Navarra como Comunidad Foral y el resto fueron consideradas regiones. El 30 de julio de 1982 se aprobó la LOAPA[6].

---

5   En el transcurso de la votación a la candidatura de Leopoldo Calvo-Sotelo como nuevo presidente del Gobierno español, el 23 de febrero de 1981 (23-F), hubo un intento de golpe de estado militar, escenificado con la toma del Parlamento por parte del teniente coronel Antonio Tejero.

6   El Gobierno vasco, la Generalitat de Cataluña, CiU y PNV presentaron un recurso de inconstitucionalidad contra la LOAPA por considerar que los Estatutos no podían estar limitados por una ley estatal. El 13 de agosto de 1983 el Tribunal Constitucional (TC) negó el carácter orgánico y armonizador de la ley y declaró inconstitucionales catorce de sus treinta y ocho artículos. Con los veinticuatro artículos que se salvaron, se aprobó la Ley Orgánica de Financiación de las Comunidades Autónomas (LOFCA). Tal y como asegura Eliseo Aja (1999), el TC subrayó en esta sentencia el

A partir de entonces, en 1992, se establecen nuevos pactos autonómicos a través de los cuales se revisan y modifican los Estatutos con el objetivo de ampliar competencias en aquellas comunidades constituidas entre 1982 y 1983. Desde entonces, sigue todo un proceso de traspaso de competencias y contenciosos entre Estado y comunidades autónomas que, aún hoy, no se ha resuelto.

Es precisamente este apartado el que los nacionalistas vascos y catalanes entienden como democráticamente deficitario. Los territorios históricos, a partir de la LOAPA, pasan a ser tratados como regiones a pesar de la diferencia nominal que se utiliza en la CE (nacionalidades). La Ley de armonización supuso un recorte en el derecho de las autonomías más que una ayuda al crecimiento territorial.

La Constitución y los Estatutos de Autonomía

El pacto constitucional fue, en su momento, un reconocimiento de la particularidad política de Euskadi, Cataluña y Galicia, a las que se denominaron nacionalidades. La definición de la España democrática no es del todo clara y en algunos aspectos incluso contradictoria.

Se constata, en primer lugar, el contenido de la CE referente a la definición de España y de las realidades territoriales que la componen. En el Artículo 1.1 del Título Preliminar, la CE define España como un estado social y democrático de derecho. De aquí se deduce que los ciudadanos participan en el ejercicio del poder político y tienen pleno derecho a ejercerlo: "La soberanía nacional reside en el pueblo español, del que emanan los poderes del Estado."[7]

Se reconocen, entonces, singularidades territoriales con un alto grado de imprecisión terminológica. Sólo se reconoce una nación, España, y con un nuevo uso del término *nacionalidades* se califican unos territorios a los que no se les reconoce su condición de nación, pero al mismo tiempo se sugiere que tienen, en algún grado, carácter nacional.

Se admite un estado heterogéneo (se "garantiza el derecho a la autonomía"), aunque desde una mirada centralizadora ("indisoluble unidad de la Nación española"). La Constitución se presenta incompleta, con un dibujo del Estado no del todo perfilado. La definición completa correspondería a unos órganos de gobierno subconstitucionales: los Estatutos de Autonomía[8].

---

carácter constitucional de la autonomía política, que no podía estar limitada por ninguna ley estatal.

7   Art. 1.2 Título Preliminar CE 1978.

8   Los Estatutos de autonomía tienen carácter materialmente constituyente (o 'semiconstituyente', Solozábal, 2004), pero figuran como subordinados a la Constitución Española, al definirse ésta como la norma básica en el Ordenamiento Jurídico

La CE de 1978 no da una respuesta satisfactoria a los nacionalismos periféricos en la organización territorial del Estado. A pesar de ello, después de la muerte de Franco, no todas las corrientes nacionalistas responden de igual manera al desarrollo de la Transición. Por un lado, los nacionalistas catalanes moderados[9] respondieron a un rol activo en la conformación del Estado español, "mostrando un alto grado de pragmatismo político-estratégico", en palabras de Núñez-Seixas (1999) y, por lo tanto, postergando la reclamación autodeterminista a la consolidación de un sistema democrático firme y perdurable en el tiempo.

Según esta premisa, los catalanistas optan por participar en la comisión que redactó la CE, y donde se discutieron fórmulas en que encajarían las demandas nacionalistas, que no acabaron de prosperar. Sin embargo, la actitud del nacionalismo catalán fue de apoyo a la Carta Magna, de tal manera que recomendó el voto afirmativo en el referéndum popular, donde participó el 67'91% del censo electoral y de éstos la gran mayoría (un 90'46%) emitió un voto favorable a la CE, según datos hechos públicos en el Boletín Oficial del Estado (BOE) de 22 de diciembre de 1978.

Pero esta actitud no fue compartida por los nacionalistas vascos. La deficiencia de la Carta Magna fue denunciada desde un inicio por el PNV (Partido Nacionalista Vasco) y la izquierda abertzale. El PNV no formó parte de la Comisión Constitucional, y no aceptó el texto que resultó porque no reconocía explícitamente la soberanía del pueblo vasco. El PNV pidió la abstención a sus votantes. Más de la mitad de los ciudadanos vascos en edad de ejercer el derecho a voto decidieron abstenerse (51'60%).

Teniendo en cuenta que el 62'68% de la ciudadanía vasca opto por el 'no' (11'08%) o por abstenerse (51'60%), tal y como argumentan las lecturas nacionalistas, el texto constitucional no fue políticamente aprobado por los vascos, y de aquí que se cuestione la legitimidad de la CE en Euskadi y que no se sientan identificados con lo que el texto propone.

La falta de consenso y la imposibilidad de construir una definición de España donde se reconozca la existencia de naciones dentro de la nación española ha traído hasta nuestros días diversos debates: la demanda de más cota autonómica en los casos vasco y catalán; y recientemente en Cataluña, de un nuevo replanteamiento de fiscalidad respecto a España, que ha sido denegado por parte del gobierno central sin ofrecer alternativa a la demanda catalana. Ahora, después

---

español.

9   El nacionalismo moderado en Cataluña ha estado tradicionalmente representado por Convergència i Unió y se ha caracterizado tradicionalmente por el compromiso con España y la cooperación en el proceso de constitución del Estado de las Autonomías.

de más de treinta años de intentos por resolver una cuestión de definición, el gobierno de Cataluña, a instancias de la movilización ciudadana, abre una nueva legislatura política marcada por la definición de un proceso de transición hacia la independencia, un proceso que dibuja el proceso político hacia el reconocimiento de la nación catalana. La primera década del siglo XXI ha estado caracterizada en España por intentos soberanistas en algunos territorios históricos que conforman el Estado. Las aspiraciones de mayor cota de autogobierno o incluso la independencia como desde el mes de septiembre se ha posicionado el Gobierno de la Generalitat de Cataluña han sido rechazadas por parte de gobiernos socialistas y conservadores que han ido ocupando el Gobierno central, hasta el punto de no permitir un debate abierto que posibilite limar las tensiones entre el centro y la periferia.

Concretamente, en Cataluña en 2006 se aprobó un nuevo Estatuto que venía a sustituir el anterior, vigente desde 1979. Aunque desde 2006 la gestión de Cataluña se hace en base a esta nueva norma básica, en el año 2010 el Tribunal Constitucional (TC) admite a trámite el recurso de inconstitucionalidad[10] que presenta el Grupo Parlamentario Popular del Congreso de los Diputados, de ideología conservadora y neoliberal. El TC emitía, el 28 de junio de 2010, una sentencia[11] en la que se dejaba sin eficacia jurídica la proclamación de Cataluña como nación y tachaba de inconstitucionales 14 artículos.

La reacción ciudadana catalana fue notoria. El 10 de julio de 2010 más de un millón de personas se manifestaron en protesta contra la sentencia del TC y a instancias de entidades culturales bajo la organización de Òmnium Cultural[12]. El lema que encabezaba la manifestación era: "Som una nació, nosaltres decidim"[13]. Desde 2009 y hasta abril de 2011, 554 municipios (de un total de 947 en Cataluña) organizaron consultas populares sobre la independencia invitando a participar a ciudadanos mayores de 16 años y censados en la localidad. Se emitieron

---

10 Véase el siguiente enlace para conocer los contenidos en los que se basaba el recurso de inconstitucionalidad presentado por el Grupo Parlamentario Popular: http://www10.gencat.net/eapc_revistadret/recursos_interes/especial%20estatut/documents%20especial%20estatut/SDJR/recursos/4_a_1_recurs_pp/ca

11 Para conocer con más detalle el contenido de la sentencia, se sugiere la lectura del documento publicado en el BOE: http://www10.gencat.net/eapc_revistadret/recursos_interes/especial%20estatut/documents%20especial%20estatut/SDJR/pdfs/BOE_11409_STC_31_2010.pdf

12 http://www.omnium.cat/www/omnium/en/history.html

13 Traducción propia: "Somos una nación, nosotros decidimos". Se sugiere la lectura del análisis de la cobertura que hizo la prensa estatal, vasca y catalana durante la manifestación del 10 de julio como consecuencia de la sentencia del TC en Perales, Xambó y Xicoy (2012), dentro de Castelló (2012).

881.564 votos, es decir, un 18,8% de los ciudadanos convocados participaron. Los votos positivos, a favor de la autodeterminación, fueron la mayoría (92,2%) y negativos fueron un 6%. Estos referéndums populares eran simbólicos ya que ni el gobierno catalán de entonces, ni el gobierno central reconocieron la validez de estas consultas organizadas desde la base social.

Judo en Madrid

Alfred Bosch

*Escritor e historiador, Diputado y líder del grupo de
Esquerra Republicana de Catalunya en el Congreso español.*

Hace poco discutí con un funcionario del partido en el Gobierno de Cataluña sobre la importancia—según mi opinión—de trabajar en Madrid y promover nuestra causa a favor de la independencia en la capital de España. Él es un patriota acérrimo y sostenía que desea la separación tanto como yo, o incluso más, pero creía que todo lo que se pueda hacer en Madrid es inútil. Le recordé que Artur Mas, líder de su partido y presidente de Cataluña (autónoma) acababa de hacer dos anuncios históricos precisamente en Madrid. Unos anuncios que habían revolucionado la política catalana y habían captado la atención internacional. No supo qué contestar.

Como en cualquier proceso de liberación nacional, siempre hay alguien que aboga por una ruptura completa con el centro de poder. Hay quien cree que no hay nada que ver ni oír en la capital de España, desde donde las instituciones y los organismos han castigado a Cataluña durante siglos. Y hay mucha otra gente que no es tan drástica, pero simplemente ve absurdo y aburrido hacer un viaje de 625 km de ida y otros tantos de vuelta para intentar llegar a acuerdos inútiles con Madrid—olvidando el hecho de que todavía no somos independientes. Las mismas críticas escucharon los que en otros lugares se dirigieron a sus respectivas capitales para defender su liberación nacional: Gandhi en la India, Purnell en Irlanda, Martí en Cuba, Nkrumah en Ghana… y también muchos de los que nos han precedido en Cataluña.

Permítanme aclarar que cuando hablo de Madrid me refiero a una realidad política, y no al conjunto de ciudadanos que viven allí e intentan hacer su vida como pueden. Madrid es la sede del Gobierno español. Las cámaras legislativas están allí, y también la Corona, los ministerios, los cuarteles generales del ejército, las embajadas y cada vez más multinacionales y empresas de comunicación que intentan situarse a la sombra del poder. Madrid es, por lo tanto, también un concepto y debe ser entendido como un importante centro político, como Bruselas o Washington DC.

Nadie puede ser tan ingenuo como para pensar que la independencia de Cataluña se conseguirá sólo en Madrid, pero tampoco se puede estar tan ciego como para no ver que se ha de obtener desde Madrid. Precisamente, si ese deseado proceso es democrático y pacífico—como es el caso—se ha de construir e impulsar desde dentro de Cataluña, pero eso no significa que se deba ignorar la sede del poder; hay que conocerla, estudiarla, utilizarla y finalmente entender que es el lugar donde se negociará el divorcio amistoso. Ésa es la razón que llevó al presidente Artur Mas a hacer en Madrid sus históricas declaraciones, en las que defendía unas elecciones plebiscitarias y el derecho a la autodeterminación. Ningún altavoz o escenario político se puede comparar a los de la capital.

En la vía hacia la autodeterminación de Cataluña hay tres obstáculos por superar, y se tienen que negociar en Madrid. Los tres son consecuencia de las lacras multiseculares del poder español y se han de afrontar.

La primera barrera se puede definir como un déficit democrático. El Reino de España es una democracia parlamentaria muy joven: el derecho a voto tiene menos de cuarenta años y en cambio hay una larga historia con ruido de armas. El ejército es todavía el garante de la unidad territorial, la monarquía ostenta el mando supremo de las fuerzas armadas, la figura del rey es—por ley—inviolable y no está sujeta a responsabilidad, las minorías tienen pocas salvaguardias y el modelo bipartidista de la política española deja a los catalanes aislados políticamente, excluidos de las dinámicas parlamentarias. Los partidos catalanes están infrarrepresentados en el Congreso por el sistema español de circunscripciones, y aún más en el Senado.

Los problemas democráticos llevan a una gran frustración, como ocurrió en el 2006 con el Estatuto de Autonomía de Cataluña. El texto fue aprobado en el Parlamento (autónomo catalán) y refrendado en un referéndum, para justo a continuación ser recortado por el Gobierno español y finalmente dinamitado por el Tribunal Constitucional, altamente politizado. Cuanto más lejos se está de Madrid, más afecta el déficit democrático a los votantes. No fue casual que el anarquismo encontrara en Cataluña un buen caldo de cultivo a principios del siglo XX; la desconfianza hacia las autoridades españolas tuvo mucho que ver con ello, y en la actualidad esa desconfianza es aún una fuerza impulsora del separatismo.

Uno de los principales trabajos de los políticos catalanes en Madrid es, por consiguiente, la denuncia paciente y constante de las prácticas antidemocráticas. Desde una perspectiva reformista, es un trabajo exasperante e inútil, pero para la consecución de la independencia puede acabar siendo una buena noticia. La demostración de que el poder español es antidemocrático aumenta la necesidad de romper con ese rígido sistema, disipa las esperanzas de cambiar el poder español en una realidad más amable y, por supuesto, empuja las mentes y los corazones hacia la ruptura. No es extraño encontrar madrileños que confiesan que les gustaría salir del Reino…, aunque luego no se sepa adónde ir. Los catalanes son mucho más conscientes de que salir del Reino es la opción más sensata.

El segundo obstáculo se puede definir como un bloqueo legal. El argumento de que algo no es legal, o incluso ilegal, es utilizado constantemente por los defensores españoles del statu quo. Se esgrime contra cualquier medida de cesión hacia los catalanes, ya sea económica, política o cultural. De hecho es la excusa más utilizada contra la autodeterminación o la independencia. No es un gran argumento, ya que nada es legal hasta que se aprueba, y la independencia de Cataluña obviamente no ha sido aprobada, si así fuera nadie la estaría exigiendo. Si echamos una ojeada a la historia universal, pocos o ningún camino hacia la independencia se ha hecho de conformidad con los marcos legales establecidos; rara vez las disposiciones constitucionales contemplan esa posibilidad.

Es cierto que la Constitución española de 1978 establece que España es un estado unitario y que la monarquía y el ejército han de velar por su integridad territorial. Pero también es cierto que se redactó cuando todavía estaba reciente la dictadura militar de Franco (una época que ya es historia), que algunas leyes ya se han abolido (como el servicio militar), que se han añadido artículos por la vía exprés (como la limitación del déficit introducida en 2011) y que, naturalmente, todas las leyes se pueden cambiar.

Pese a estas consideraciones de sentido común, la Constitución y otras leyes importantes se presentan como una jaula conservadora, diseñada para evitar el cambio más que para construir un espacio de libertad. Cualquier propuesta para aumentar el autogobierno acaba siempre entrando en un círculo vicioso. La ley es la ley y se tiene que acatar. No hay posibilidades alternativas porque no son legales, y si no son legales no son posibles. Esto se ha repetido cientos de veces en el Congreso español, ignorando la obviedad: que los diputados no son *robocops*, sino legisladores elegidos para hacer nuevas leyes y adaptarlas en función de los tiempos y las dificultades. La función de los legisladores es precisamente redactar leyes útiles, que respondan a las exigencias de la sociedad.

El mismo día que el Gobierno del Reino Unido delegaba en el Gobierno autónomo de Escocia la facultad de convocar un referéndum por la independencia, nuestro partido (ERC) proponía exactamente el mismo método para celebrar una consulta idéntica. La propuesta fue rechazada con el argumento de que no era legal, a pesar de que hay un artículo concreto en la Constitución española que permite una delegación de ese tipo y ya se ha utilizado en el pasado para traspasar, por ejemplo, la policía a la Administración catalana. Se han propuesto otras alternativas similares e imaginativas, pero la respuesta ha sido siempre la misma: no se pueden aceptar procesos no legales. Se cierra el círculo vicioso y no hay una mayoría para romperlo.

La situación sólo puede ser superada utilizando dos vías alternativas: la legislación internacional y la (nueva) legislación catalana. Los tratados y acuerdos internacionales reconocen la autodeterminación y la legitimidad de los mandatos democráticos, dos principios que todos los partidos o movimientos independentistas catalanes suscriben por completo. Por lo tanto, hay una opción que nos permitiría romper el mencionado círculo vicioso: redactar normas específicas catalanas para poder celebrar una consulta sobre la independencia y apelar, al mismo tiempo, a la mediación internacional.

El tercer obstáculo que me gustaría mencionar es la asfixia económica. Durante décadas, incluso podría decirse que durante siglos, el Gobierno español ha vivido en parte de la riqueza catalana. Siendo la locomotora de España, y con una importante economía productiva, Cataluña ha pagado una parte desproporcionada de las facturas españolas. En los últimos treinta años, cerca del 50% de los impuestos pagados por los catalanes no han vuelto en forma de inversiones o servicios sociales; más del doble de la cantidad entregada por la UE a España a través de los distintos fondos para el desarrollo. Aunque los catalanes representan el 16% de la población española, aportan el 24% de los ingresos. Esto se ha aceptado con resignación en momentos de prosperidad, pero en tiempos de crisis esta carga es insoportable y de hecho ha generado un sentimiento de ira e indignación. El sentimiento general es que los catalanes están siendo saqueados por Madrid y que este expolio constante asfixia la economía.

Se han planteado muchas soluciones alternativas. La más obvia es que se aplique a Cataluña el mismo trato fiscal que tienen el País Vasco y Navarra (el llamado "concierto económico") mediante un pacto fiscal, que implica soberanía fiscal: es decir, recaudar los impuestos y negociar qué cantidad le corresponde a Madrid. Esto, sin embargo, no ha sido aceptado por el Gobierno español—y casi con toda seguridad nunca lo será—ya que interrumpiría la entrada de dinero en las empobrecidas arcas españolas. Otros intentos de acuerdo han fracasado a las primeras de cambio, chocando contra una realidad terca: Madrid nunca traspasará el control de los impuestos a la Administración catalana.

Muchos expertos creen que éste es el principal obstáculo para la independencia de Cataluña o para mayores niveles de autogobierno. España no puede prescindir de su principal fuente de ingresos y luchará con uñas y dientes para conservarla. Sin embargo, incluso si ignoramos la naturaleza injusta y antidemocrática de este razonamiento, hemos de admitir igualmente que esta asfixia es también el motivo principal de la urgencia de la independencia, ya que provoca que una cuestión de sentimiento nacional se convierta en una cuestión de vida o muerte. Es cierto que el poder español adoptará una posición de fuerza para no perder los ingresos catalanes. También es cierto que el salto a la independencia sería extremadamente arriesgado para una Cataluña sin recaudación de impuestos, sin liquidez y sin crédito en los mercados internacionales. Sin embargo, hemos de reconocer también que las perspectivas son cada vez más sombrías y que la supervivencia apunta cada vez más, cada hora que pasa, hacia la liberación económica.

Así las cosas, el factor Madrid debe ser visto como crucial en el bloqueo de mayores competencias y como un serio obstáculo en el camino ordenado, civilizado, bilateral y constitucional hacia la libre determinación. El Reino de España no es el Reino Unido, aunque Cataluña se parezca a Caledonia. Por eso la solución británica parece poco probable y aparentemente esto reduce las esperanzas de muchos catalanes que sueñan con la libertad. La constatación de que desde Madrid se está dispuesto a utilizar todo el poder para hacer retroceder la voluntad popular, posiblemente podría desalentar la esperanza de alcanzar un acuerdo digno. Cualquier avance conseguido por la sociedad catalana o el Gobierno de Cataluña parece condenado al fracaso frente a una perspectiva de problemas e incluso sufrimiento.

Por otro lado, la simple fuerza puede tener efectos positivos. Puede llevar a estrategias inteligentes e imaginativas y ayudar a impulsar la causa. Como sucede en el judo, la fuerza desproporcionada del oponente puede ser utilizada en su contra. Quizá el mejor ejemplo de esta técnica se vio en los referéndums populares de 2009-2011, cuando la propia ciudadanía organizó consultas por la independencia en la mayor parte de municipios de Cataluña, incluida Barcelona. La iniciativa fue un gran éxito; se consiguieron cerca de un millón de votos, más del 90% a favor de la independencia, y algo que hasta entonces parecía imposible se convirtió en posible. El Estado español no pudo impedirlo. El judoca más pequeño derribó al más fuerte, que se dio de bruces contra el suelo.

El sentimiento catalán a favor de la independencia no estaba entre los más destacados en la Europa de finales del siglo XX. A principios de la segunda década del siglo XXI es claramente el más importante del continente. Esta evolución se debe a la actitud intransigente de Madrid y a la inteligente reacción de los catalanes, que han combatido un déficit democrático con una doble dosis de democracia, que se enfrentaron al bloqueo legal apelando a los principios internacionales y proponiendo alternativas legales; y que afrontaron un ahogo económico exigiendo plena soberanía. El factor Madrid probablemente explica mucho sobre el aumento del sentimiento a favor de la independencia y la transformación de una reclamación cultural y lingüística inofensiva en un potente movimiento de masas, democrático, ético y económico. Siempre es útil tener un enemigo claro enfrente; y si ese rival es un consumado Goliat, no faltará propósito ni determinación para David.

Patriotas europeos

Muriel Casals

*Nació en Avignon (Francia) de padre catalán y madre francesa.
Profesora emérita de Economía en la UAB donde fue vicerrectora de
Relaciones Internacionales y Cooperación en el período 2002–2005.
Ha trabajado y publicado sobre Reconversiones industriales y
Economía europea. Colabora en medios de comunicación como el
semanario* El Temps *y el programa* "Economia i Empresa"
de Catalunya Informació (Radio). Fue una de los "Top thinkers" *en la
publicación del* Financial Times, European Union,
the next fifty years *en 2007. Actualmente preside* Òmnium
Cultural *una entidad con 33.000 socios que actúa en favor de la
lengua y la cultura catalanas.*

"Por su carácter espiritual, es en el sector cultural donde mejor se ha podido mantener la significación catalana de la obra realizada". Podemos leer estas palabras en un informe presentado por el "Conseller de Cultura" Carles Pi i Sunyer ante el Parlamento de Cataluña a finales del año 1938, es decir en plena guerra.

Encontramos otras frases del mismo informe que tienen interés ahora mismo para nosotros, como cuando el responsable político para la cultura señala la importancia de "la acción conjunta de todos los que sienten, intervienen o trabajan para nuestra cultura" o cuando afirma que es preciso respetar "la espontaneidad de la iniciativa y de la actuación de cada uno de los hombres, núcleos y organismos que colaboran en la producción cultural". "Más que la obra de un Departamento de Gobierno, se trata de la manifestación cultural del espíritu de Cataluña," concluye.

¿Por qué quiero recordar hoy la reflexión sobre el papel de la "Conselleria de Cultura" de los años de la guerra? Porqué creo que expresa la voluntad de situar la cultura en el centro de la política catalana incluso en momentos de extrema dificultad. Es evidente que en el año 1938 se planteaban urgencias que afectaban muy directamente a la vida de los ciudadanos, pero las urgencias y los intereses inmediatos de supervivencia (y este era estrictamente el caso entonces) no implican nunca prescindir de aquello que nos hace humanos, que es la cultura.

En 1961, cuando se creó Òmnium Cultural, las circunstancias no eran dramáticas como en el año 1938, pero sí que eran extremadamente difíciles. La lucha seguía, aún, contra el vencedor de la guerra que era enemigo de la cultura catalana seguramente porqué era enemigo de la cultura en general. En aquellos momentos, la defensa de la lengua y de la cultura eran la forma evidente de la defensa del país.

El trabajo inicial de Òmnium Cultural, su objetivo fundacional, consistió en organizar y dar clases de catalán. Se trataba de enseñar a leer y escribir en la propia lengua puesto que el régimen fascista prohibía hacerlo en la escuela. Pero recordemos que los años sesenta fueron los de una cierta apertura del régimen y que entonces se divisaban en el horizonte señales de que clareaba; fue en aquellos años que aparecieron ediciones en catalán y fue también entonces cuando surgió el fenómeno de la "Nova Cançó". Comenzábamos a sentir la esperanza de recuperar la normalidad, lo que significaría vivir en catalán.

Si volvía la democracia lo primero que se plantearía sería la necesidad de disponer de maestros capaces de dar sus clases en catalán y, dado que hacía demasiados años que no existía el derecho de formarlos, Òmnium tomó la responsabilidad de hacerlo—con muchas limitaciones, pero con decisión y mucho voluntarismo. Se impartían clases con todo rigor, se realizaban exámenes que permitían el acceso a diplomas, todo ello en una actuación que intentaba ser la que correspondía a la administración pública catalana que no teníamos. En definitiva se trataba de un comportamiento de suplencia.

Hoy vivimos felizmente en un marco pacífico y democrático y las dificultades materiales que hemos de afrontar son las que se derivan del mal momento económico en el que nos hallamos, que en el caso catalán contienen el hecho gravísimo de que no disponemos de nuestros impuestos.

Òmnium Cultural es consciente de que, también ahora, la atención a la cultura y a la acción de todos los que en ella trabajan son muy necesarias. Sabemos que los catalanes del presente, sea cual sea su origen, estamos decidiendo como será la cultura del próximo futuro y esto lo vivimos como un reto a la inteligencia, a la creatividad y a la voluntad. Se trata de un reto que nos ha de permitir crecer como país. Nos enorgullece constatar que hoy, cuando la sociedad catalana es tan diversa, nuestras aportaciones adquieren una variedad que hace que nuestra cultura sea muy rica.

También sabemos que el futuro de la lengua y la cultura catalanas son nuestra responsabilidad, la de los ciudadanos de Cataluña. Después de haber vivido el período más largo de coexistencia de un gobierno de la "Generalitat" en régimen de autonomía dentro de una España democrática, hemos constatado que, si seguimos dentro del Estado español, nuestro futuro como pueblo con sus características específicas está en grave peligro. Los gobiernos españoles nos han demostrado de manera clara y explícita su voluntad de homogeneidad y ahora sabemos sin ninguna duda que dentro de España no hay espacio para la diversidad.

El futuro está en nuestras manos. Por ello Òmnium, que se define como una entidad cultural, dedica una parte importante de su energía y de sus recursos a trabajar en la construcción del futuro estado catalán. Necesitamos un poder político que no tenga más limitaciones que las que se derivan de la cesión de soberanía a la Unión Europea. Precisamente, el hecho de pertenecer a un conjunto donde se toman muchas decisiones que afectan a nuestra vida cotidiana hace que el proceso de secesión sea mucho menos dramático. Estamos construyendo una unidad más amplia que ha de ser la nueva Europa unida y estamos seguros del valor de nuestra aportación.

Si los catalanes hemos explicitado que necesitamos disponer de un poder político propio debemos también reconocer la urgencia de la expresión más clara de este poder que es la capacidad de gestionar el propio presupuesto. En estos momentos la Generalitat de Cataluña no puede aplicar verdaderas políticas, ni culturales ni de ningún tipo, a causa de la situación de ahogo financiero a la que la somete el gobierno español. En este sentido no debe sorprender a nadie que una entidad cultural tenga entre sus principales preocupaciones el tema de los impuestos y que se plantee como una necesidad prioritaria el conseguir que una parte tan sensible de los ingresos resultantes del esfuerzo productivo de los catalanes sea recaudada por una administración que sintamos nuestra y a la que podamos controlar.

La defensa de Cataluña como un nuevo estado de Europa la hacemos por patriotismo catalán y también por patriotismo europeo: no queremos privar a nuestros compatriotas europeos de la riqueza que supone para la diversidad de nuestro continente la aportación de la especificidad cultural y lingüística de los catalanes.

La batalla por la audiencia: lengua, política y cultura

Ignasi Aragay

Nacido en Barcelona en 1966, es periodista. Es director adjunto del periódico en catalán ARA desde su nacimiento, en noviembre de 2010. Anteriormente fue jefe de cultura del diario AVUI. Autor de los libros Diccionari Montaigne [diccionario de citas sobre el padre del género del ensayo), El lector obsedit [El lector obsesionado], Anolecrab [crónica sobre la modernización del paisaje urbano de Barcelona] y Què pensa Salvador Cardús [libro-entrevista al sociólogo Salvador Cardús]. Casado, tiene tres hijos.

El catalán es una lengua de comunicación con 1.000 años de historia. Hoy en día tiene más de 9 millones de hablantes potenciales, la mayoría dentro del Estado español, en las regiones de Cataluña, Baleares y la Comunidad Valenciana. Como el francés, el español o el italiano, es una lengua románica surgida de la evolución del latín con la derrota del Imperio Romano. Su momento dorado fueron los siglos XIV y XV, cuando la confederación de Cataluña, Valencia y Baleares formaban un estado independiente y una potencia comercial mediterránea. A pesar del declive político e intelectual de los siglos posteriores, a pesar de las recurrentes prohibiciones y persecuciones de la monarquía española, se ha mantenido siempre como idioma popular y nunca ha dejado de ser escrito e impreso. A partir de finales del siglo XIX, con el empuje de la Revolución Industrial autóctona, la eclosión de los medios de comunicación de masas y la lenta recuperación política y cultural—que daría lugar a figuras como el arquitecto Antoni Gaudí—el idioma propio de Cataluña ha ido ganando un lugar central en la sociedad, siempre en competencia y en inferioridad de condiciones respecto al español. Pese a dos férreas dictaduras y pese a una guerra civil genocida, el siglo XX ha sido una centuria de oro para las letras catalanas—especialmente en los campos de la poesía y la novela—y un período de altibajos para los medios de comunicación en esta lengua. Hubo momentos de gran creatividad y notable difusión—como en la década de 1930, durante la República española y el gobierno autónomo catalán, o como en la actualidad—y otros de ostracismo, como durante dichas dictaduras, especialmente la del general Franco (1939-1975).

Hoy en día, el catalán y el castellano son lenguas cooficiales en Cataluña, Baleares y la Comunidad Valenciana, aunque sólo en Cataluña el catalán ha dispuesto de una promoción efectiva y continuada a lo largo de los últimos 35 años, tanto dentro del sistema escolar (el Gobierno español intenta actualmente privar al catalán del estatus de lengua vehicular en el sistema de enseñanza) como en el comunicativo o en el político. En otros terrenos, como el cine, la justicia o los negocios, su presencia es reducida. La sociedad tiene muy arraigados unos comportamientos diglósicos, es decir, unos usos selectivos de un idioma u otro según el contexto o el interlocutor. Cataluña, con 7'5 millones de habitantes—de los cuales aproximadamente un 42% tiene el catalán como idioma propio y habitual y más del 90% lo entiende—dispone hoy de un sistema bilingüe de medios de comunicación, un sistema en el que la lengua catalana, desde el final de la dictadura de Franco, ha ido ganando presencia lentamente, aunque sigue estando en una posición de inferioridad.

A pesar de algunas experiencias puntuales, hasta la puesta en marcha de un canal público catalán de manera regular en 1984 (TV3) no se puede hablar propiamente de una televisión generalista en catalán, con una amplia programación propia de ficción, informativos y entretenimiento. Los años de esplendor de este canal fueron los previos a la apertura en España de las televisiones privadas. Hasta entonces llegó a disponer de una cuota de pantalla superior al 30%, y revolucionó y modernizó contenidos y estilos, en el contexto de un panorama televisivo muy anticuado y limitado. Durante la década de los 90, TV3 mantuvo cuotas entre el 25% y el 30%. Con la llegada de la televisión digital terrestre (TDT), la capacidad de penetración de la televisión pública catalana, a pesar de disponer ya entonces de diferentes canales, y a pesar de luchar por el liderazgo dentro de Cataluña, disminuyó hasta el actual 19'3% (2011), que sin embargo la sitúa todavía en primera posición. La creciente fragmentación de la oferta y de la audiencia, y los recortes en el gasto público televisivo debido a las políticas de austeridad imperantes en la Unión Europea, ya han llevado a una reducción de canales dentro del conglomerado de la Televisión de Cataluña y hacen prever una mayor pérdida de público para los próximos años, pérdida que en el terreno lingüístico no queda compensada con la aparición de canales privados en catalán, de momento de poca incidencia (2'7% de cuota de pantalla para 8TV en 2011).

Todos los porcentajes citados hasta aquí sólo se refieren al territorio estrictamente de Cataluña, ya que las emisiones del canal público catalán en Baleares y la Comunidad Valenciana han sido siempre prohibidas por la legislación española y sólo se han podido realizar de forma alegal y por iniciativa ciudadana. En la actualidad, las ondas de la televisión catalana ya no llegan a esas regiones, ni viceversa. En cuanto a los canales públicos valenciano y balear, creados respectivamente en 1989 (Canal 9) y 2005 (IB3), están siendo radicalmente empequeñecidos por la crisis y descatalanizados por los respectivos Gobiernos, ambos en manos de la derecha nacionalista española (PP). Antes de la reciente jibarización, Canal 9 se situaba en torno a un 10% de cuota de pantalla en su territorio e IB3 en un 7'5%.

Cifras aparte, la televisión pública en catalán ha sido crucial para normalizar el idioma entre el gran público y para fortalecer un imaginario cultural y un *star system* propios, además de ser el pilar de una industria audiovisual con vocación internacional y epicentro en Barcelona. En Cataluña, además, el claro liderazgo alcanzado en los programas informativos—noticiarios, debates y *magazines*— también ha resultado crucial a la hora de conformar la opinión pública, cada vez más distanciada de la opinión pública española.

En este aspecto, aún resulta más relevante la existencia de una prensa catalana con una mirada propia, totalmente diferenciada de la madrileña, que marca la pauta en España. El lector catalán de prensa consume muy pocos rotativos con base en la capital del reino y, además, cada vez lee más en lengua catalana. Los diarios que lideran el mercado de la prensa escrita son, según el promedio de 2011, el decano y conservador *La Vanguardia*—con una difusión diaria en Cataluña de 175.000 compradores—y el progresista y popular *El Periódico*—con 104.000. Ambos sacan una doble edición, es decir, publican una versión en castellano y una versión traducida al catalán. En el caso de *La Vanguardia*, las ventas entre las dos ediciones se reparten al 50% (la catalana se publica desde 2011), mientras que en *El Periódico* la proporción es de un 60% para el castellano y un 40% para la versión catalana, nacida en 1997. En la versión digital, *El Periódico* también tiene doble versión idiomática. *La Vanguardia*, en cambio, sólo tiene edición digital en castellano.

Siempre con datos de 2011, el tercer diario generalista más vendido es, a mucha distancia, *El País*. Este rotativo de tendencia progresista es líder en España, sin embargo en Cataluña sólo vende 38.500 ejemplares. Tras él se sitúan dos diarios en catalán, el histórico y catalanista conservador *El Punt-Avui*—30.000 ejemplares en papel—y *Ara*, catalanista progresista, nacido hace dos años: 15.000 ejemplares en papel y un millón y medio de usuarios únicos mensuales en internet, donde ejerce un activo liderazgo en catalán. En Cataluña también tiene un rol importante la prensa local, que es en catalán o bilingüe.

A excepción de *El País*, el resto de periódicos españoles importantes, todos ellos de tendencia ultraconservadora y ultranacionalista—*El Mundo*, *ABC* y *La Razón*—tienen una presencia testimonial en Cataluña, donde son percibidos como prensa hostil por sus constantes ataques al idioma y a las instituciones propias de gobierno, una tendencia editorial histórica que se ha acentuado a partir del giro independentista que han experimentado la sociedad y la política catalanas en los últimos años, y que el pasado 25 de noviembre se concretó con la elección de un Parlamento regional donde hay una mayoría de dos tercios a favor de la convocatoria de un referéndum de autodeterminación.

El mercado periodístico está fragmentado territorialmente respecto al área lingüística catalana. *La Vanguardia* y *El Periódico* llegan a las Baleares y la Comunidad Valenciana, pero paradójicamente llegan con las ediciones en castellano y tienen unas ventas mínimas. El único diario en catalán en todo el dominio lingüístico es *Ara*, pero también con una presencia limitada, especialmente en el área valenciana. Tanto en Baleares como en Valencia, la prensa más implantada es la regional en lengua castellana, seguida de la prensa con sede en Madrid.

En el campo radiofónico es donde el idioma catalán ha conseguido en Cataluña una mayor implantación en los últimos años, hasta el punto de doblar la audiencia en la última década (2002-2012) y conseguir situar en lo alto de las preferencias del público dos emisoras en la lengua propia del país, relegando al tercer lugar del ránquing al grupo español SER (430.000 oyentes mensuales). En la actualidad, la cadena más seguida es la privada RAC1, emisora que pertenece al Grupo Godó (*La Vanguardia* y 8TV). Nacida en el año 2000, se ha situado en 2012 por encima de los 700.000 oyentes mensuales, seguida de la emisora pública Catalunya Ràdio, con 600.000.

Si entendemos la comunicación en un sentido amplio, conviene remarcar que Cataluña también ejerce como capital de la edición del libro, obviamente en catalán, pero también en español en competencia con Madrid. El arraigo en Barcelona de grandes grupos editoriales como Planeta, Bertelsmann y RBA, y de un amplio abanico de medianas y pequeñas editoriales especializadas, es fruto de una actividad secular, con irradiación en España, América Latina y el mundo entero. En este terreno, al igual que en el de los medios de comunicación—que a su crisis particular de modelo de negocio debido a las nuevas tecnologías añade la crisis financiera global y la específica española—el sector del libro no pasa por su mejor momento.

En resumen, la realidad comunicacional catalana tiene una larga trayectoria y, pese a la dureza de la crisis, presenta un fuerte dinamismo que responde a tres factores. Primero: la vitalidad y diversidad cultural de una sociedad siempre abierta a los cambios, pero orgullosa también de su tradición. Segundo: la batalla política en términos nacionales entre una Cataluña que aspira a crear un estado independiente y una España que niega esta posibilidad. Y tercero: la competencia entre idiomas. Y respecto a este último punto debemos tener presente que, además de catalán y castellano, como país turístico y como país receptor de inmigración—un millón y medio de inmigrantes entre finales de 1990 y principios de 2000—en Cataluña hay una población muy diversa, con más de 300 lenguas maternas procedentes de áreas como el norte de África, los países asiáticos, América Latina, Europa oriental y el mundo anglosajón. Una diversidad que ya dispone de algunos canales propios de comunicación, caso del *Dayly Dost*, diario de la comunidad pakistaní, o el *Latino*.

Extraños en el propio país

Germà Bel

*Profesor de Economía en la Universidad de Barcelona. Profesor Visitante
en Cornell University y Princeton University en 2012–2013. Su principal
interés es la interacción entre gobiernos y mercados, y su investigación se
centra en la economía y la política de la reforma del sector público. Sus
últimos libros son* España, capital París *(Destino, 2010;
publicado también en catalán y en inglés), y* The Economics and
Politics of High-Speed Rail: Lessons from Experiences Abroad
(Lexington Books, con Daniel Albalate).

En Cataluña hay una parte de la población que piensa—desde siempre—que la creación de un estado propio es una prioridad. Un hecho muy relevante en los últimos años es que otra parte de la población se ha adherido a este objetivo, aunque no había sido tradicionalmente su modelo preferido. De estos últimos podríamos decir que son los partidarios de la creación de un estado propio como "segundo mejor" (*second best*); porque su primera preferencia, su "óptimo"—que era la reforma de España, para encajar mejor Cataluña y a los catalanes con identidad nacional propia—ha devenido imposible.

España lleva 300 años emulando los principios franceses de construcción nacional. Es decir, la construcción de una nación compacta e igualitaria, sin diferencias entre sus individuos y sus territorios, porque la diferencia es vista como medida de desigualdad (bajo una concepción de desigualdad eminentemente formal, pero no sustantiva). Por ello, la existencia de una pluralidad de identidades nacionales en el conjunto de España siempre ha sido una piedra dentro del zapato de este proyecto uniformador, proyecto que se expresa en los terrenos económico, de las políticas públicas, cultural, lingüístico...

Como he dicho, sin embargo, la noción de igualitarismo es formal, pero no sustantiva. De hecho, en lo sustantivo es profundamente discriminatoria, como ha sido documentado en muchos terrenos. Sólo por poner algunos ejemplos:

1.- En el ámbito de las finanzas públicas se oye a menudo el mantra que "quienes pagan son los individuos, no los territorios". Esto es parcialmente cierto..., y parcialmente no. Puede haber, y de hecho hay, diferencias territoriales importantes en intensidad de represión del fraude, en significación de actividades desfiscalizadas, etc. Pero, lo que es indudable es que se gasta sobre el territorio, en España, en la Unión Europea y en cualquier organización política. Y en este sentido, resulta persistente la falta de igualdad entre los territorios del Mediterráneo y el resto, bien documentada[1]. No en vano las tres comunidades de España que presentan un mayor déficit fiscal con el Estado son, precisamente, Baleares, Cataluña y . Esto, a pesar de que otras regiones más ricas no aportan a la redistribución y, de hecho, la Comunidad Valenciana es incluso más pobre que la media española.

2.- La política de provisión de infraestructuras en España ha sido y es obsesivamente radial; no es una política de transporte, sino de coordinación de poder y de subordinación entre ciudades. Con la capital política en posición superior,

---

1   IEF. 2008. *Las balanzas fiscales de las comunidades autónomas españolas con las administraciones públicas centrales 2005*. Madrid: Instituto de Estudios Fiscales. http://www.ief.es/Investigacion/Temas/BalanzasFiscales_Publicacion_BF_15_07_08_vf.pdf

y el resto de la red a su servicio[2]. Esto explica (que no justifica) por ejemplo, que tramos sin tráfico ferroviario relevante tengan ya servicio de alta velocidad a/desde Madrid o estén a punto de tenerlo, mientras que en Tarragona, 100 km. al sur de Barcelona—en el corredor terrestre más transitado del sur de Europa— todavía hay 35 km de ferrocarril con una sola vía para todo el servicio (todo; es decir, larga distancia, regionales y mercancías). La política de infraestructuras en España está caracterizada por la ineficiencia, la postergación de la periferia, y también por una falta de igualdad que se hace patente en cómo se pagan las auto-pistas españolas. En la 'Meseta' y en la red radial que converge en Madrid el pago se realiza fundamentalmente con el presupuesto. En la periferia, especialmente en el Mediterráneo y el Valle del Ebro (también en el litoral gallego) con pago por usuario[3]. Esta asimetría ya tiene más de 20 años de duración—desde que se puede considerar extendida la red radial de autopistas libres de peaje. Cuando he tenido oportunidad de discutirla en ámbitos de poder estatal, la respuesta ha sido—más o menos literal—que es normal que en los territorios más ricos se pague, y en los más pobres no, olvidando que Madrid es la ciudad/región más rica y que los pocos peajes que tiene son finalmente rescatados por el Presupuesto General. En mi opinión, esto vulnera el principio de equidad que—sea éste el que sea—se tiene que aplicar por igual a todos los individuos y territorios de una *polis* o comunidad política. Cuando en una configuración estatal se aplican diferentes principios de equidad según territorios, no estamos ante un territorio política-mente unificado, sino ante una estructura de explotación colonial, donde los diferentes territorios no se confunden, por lo que se puede prescindir de aplicar un único criterio de equidad (otra vez, sea el que sea) en el conjunto del territorio bajo el control del Estado.

3.- El colmo o máxima exageración de la ruptura del principio de la igual-dad en España se produce en el terreno cultural y lingüístico. Bajo el principio ideológico (ajeno a los principios básicos de la filología) de que el castellano es la "lengua común" de todos los ciudadanos del Estado español, se pretende instaurar una regla de "trato igualitario para todos los españoles", que se traduce en el principio de libertad de elección de lengua escolar con tal de que la lengua elegida sea el castellano. Esto se justifica con la ficción de que el castellano es la lengua de todos, como he mencionado más arriba, y lo que esconde es la falta de igualdad: los ciudadanos que tenemos una lengua no castellana como materna no podemos elegir la lengua de escolarización, porque—se nos dice—siempre habrá

---

2   Bel, Germà. 2012. *Infrastructure and the Political Economy of Nation Build-ing in Spain, 1720–2010*. Sussex Academic Press.

3   Bel, Germà. 2010. *España, capital París*. Barcelona: Destino (Edición en catalán, La Campana 2011).

oferta en castellano, "que también es nuestra lengua". También en este ámbito se trata de una visión colonial de la cultura: se protege la lengua de la metrópoli, la "de todos"—se nos dice—y se posterga la lengua de las colonias, la "particularista". Otra vez, no se observan los mínimos requisitos de igualdad de derechos y deberes para todos los ciudadanos del Estado; un Estado que no fomenta una *polis* integrada e inclusiva, sino que fomenta un espacio de dominación de unas identidades nacionales sobre otras. Que pregunten por ello a las decenas de miles de familias valencianas que no tienen opción de escolarización en valenciano, y cuyos derechos son perfectamente inexistentes para las autoridades educativas españolas. Por cierto, es preciso no confundir este problema con el de Cataluña, donde unas decenas (no de miles; sólo decenas) de familias han denunciado no poder elegir el castellano como lengua educativa para sus hijos. Seguro que habrán visto que estas decenas de familias en Cataluña tienen miles de veces más voz que las decenas de miles de familias en Valencia.

Al fin y al cabo, las cuestiones relacionadas con la cultura y la lengua son las más expresivas de las diferencias. De ahí la obsesión uniformadora. El único hecho indiscutible, sin embargo, es que en Cataluña el castellano es una lengua obligatoria (art. 3 de la Constitución), pero el catalán no. Quizás ninguna lengua debería ser obligatoria. Pero la situación actual—en que la lengua de otro país es obligatoria en mi país, mientras que la propia de mi país no es obligatoria— infringe cualquier noción de principio de igualdad. Así pues, el Estado impone unas normas y reglas que te hacen un extraño en tu propio país.

Volvamos al principio. Creo que una parte importante de los catalanes, entre los que yo me cuento, hemos intentado cambiar las reglas y formas que tiene España de organizarse como estado, para pasar de un carácter hegemonista del fundamento y visión castellana a un carácter inclusivo que, más allá de respetar la pluralidad, la promoviera, y capitalizara los beneficios de esta riqueza. Pero ésta es una misión imposible, por diferentes motivos. Sobre todo, porque a una parte muy importante, muy mayoritaria, de los ciudadanos de la España castellana les funciona muy bien la nación de matriz francesa. Hay que reconocer que la flexibilidad y la pluralidad comportan incertidumbre, y mucha gente prefiere la certeza y falta de riesgo que conllevan la centralización, la rigidez y la uniformidad, que proporcionan un mundo menos complejo, aunque también más condenado al retraso.

Éste es el dilema que se abre ahora para muchos catalanes que, aunque rehuían la elección de soluciones polarizadas y extremas al problema del encaje de Cataluña en España, han ido percibiendo cada vez con más claridad que, a fin de cuentas, en el menú hay sólo dos opciones: 1) uniformidad y certezas, es decir, asimilación; o 2) complejidad, emprendimiento y asunción de riesgos, o sea, estado propio.

En definitiva, uno de los factores más importantes en la dinámica social y política de Cataluña desde finales de los años 90 es que muchos catalanes hemos llegado a sentirnos extraños en el país propio para las acciones de un estado unitarista y excluyente. Por eso, al final hay que optar por cambiar de estado o por cambiar de país. Visto lo visto, parece que somos muy mayoritarios los que preferimos cambiar de estado antes que enterrar nuestro propio país.

Yet another wiki?

Àlex Hinojo

*Embajador GLAM [Galleries, Libraries, Archives, and Museums]
en Barcelona. Wikipedista desde 2007, con más de 50,000 ediciones
en la Wikipedia en Catalán (Viquipèdia), tiene un posgrado en gestión
cultural y otro en gestión de museos. Hinojo es uno de los principales
impulsores del proyecto GLAMwiki, donde instituciones culturales y
Wikipedia trabajan conjuntamente. Fue el primer Wikipedista residente
del estado, en el Museu Picasso. Actualmente trabaja como consultor de
Open Knowledge para diversas instituciones culturales, incluyendo la
Fundació Joan Miró, el Museu Picasso, el MACBA o Europeana, entre
muchas otras. Su investigación se basa en el poder de la tecnología y el
conocimiento abierto como sistema para mejorar la accesibilidad a las
colecciones de los museos y para llegar a mayores audiencias.*

¿Sabíais que la *Viquipèdia*—la versión en catalán de Wikipedia—fue la segunda edición de esta conocida enciclopedia en tener artículos, justo después de la inglesa y semanas antes de que aparecieran versiones en otros idiomas mucho más hablados a nivel mundial?

La Viquipèdia es sólo un ejemplo de la actividad de los catalanes en la red, de un activismo cívico en favor de una lengua. Con más de 400.000 entradas, es la 15ª Wikipedia de todo el mundo en número de artículos, cuando –si tenemos en cuenta el número de catalanoparlantes (11'5M)[1]– debería situarse entre la posición 80 y 90. Y no sólo destaca en cantidad de contenidos, también es líder en calidad: domina el ránquing de los 1.000 artículos que toda Wikipedia debería tener, superando incluso a la todopoderosa versión en inglés.

Muchos de los que utilizan el catalán en internet, todavía lo hacen con un punto de activismo contra la diglosia imperante. Actualmente, siete de las diez webs más visitadas del mundo cuentan con una versión en catalán. Aun así, la situación de esta lengua no está plenamente normalizada, a pesar de todos los avances. Por eso, los editores de la Viquipèdia destacan por su actitud trabajadora, por sus ganas de hacer más y mejores cosas que los demás. Es un reflejo del talante catalán: nuestra única arma para ganarnos la confianza del resto del mundo siempre ha sido el trabajo.

En internet, la neutralidad de la red y la existencia de plataformas abiertas fácilmente adaptables a diversos idiomas, han sido clave de cara al éxito de las iniciativas virtuales emprendidas desde el ámbito catalán. La red favorece el activismo y la posibilidad de reunir gente con objetivos similares: es una herramienta que conecta. Por eso, en una sociedad con tradición asociativa y colaborativa como la catalana, ha sido una plataforma ideal para hacer visible una lengua y una cultura propias. Allí donde no existen fronteras o barreras políticas, como es el caso de internet, las iniciativas catalanas alcanzan mayor envergadura que en el mundo físico, un hecho significativo que pone en evidencia las constantes trabas que sufrimos en éste. En el último sondeo que se hizo a lectores y lectoras de Viquipèdia –en enero de 2012– las razones principales que los editores daban para explicar por qué empezaron a editar la Wikipedia en catalán fueron "la libertad de acceso a la información", "ayudar a los demás" y "difundir el patrimonio lingüístico catalán".

Aun siendo horizontal y neutra, internet tiende a reproducir los modelos del mundo físico. Cuando se crean asociaciones locales, capítulos o divisiones de cualquier organismo o proyecto internacional, a menudo se hace por estados. Como los catalanes siempre queremos tener voz propia, a menudo defendemos

---

1   http://www.antaviana.cat/bloc/wp-content/uploads/2012/03/catalan-on-the-internet.html

la creación de estas agrupaciones según intereses temáticos en lugar de fronteras territoriales. Nuestra particular situación como una nación sin estado a menudo ha ejercido de detonante para generar cambios en varias organizaciones internacionales. Un claro ejemplo de ello es el dominio .cat, que fue el primer dominio de primer nivel otorgado a una comunidad lingüística y no a un estado, hecho que abrió la puerta a la creación de otros tipos de dominios no territoriales. En el caso de Wikipedia, la asociación Amical Wikimedia, de amigos de la Wikipedia en catalán promovió que la Wikimedia Foundation crease las *Thematic Organizations*[2], capítulos locales de Wikimedia basados en intereses comunes y no en fronteras. Una vez aprobada, Amical se ha convertido en la primera organización de estas características a nivel mundial, y está sirviendo de modelo a otros proyectos similares. Anteriormente sólo existían capítulos nacionales.

La Viquipèdia es un referente mundial en lo que se refiere a instituciones culturales, dentro de lo que se conoce como la iniciativa GLAMwiki[3], que intenta establecer puentes entre instituciones culturales y Wikipedia. Hemos hecho proyectos de colaboración con instituciones de renombre como el Museu Picasso, la Fundació Joan Miró, la Fundació Dalí, el Museu Nacional d'Art de Catalunya, el Museu d'Història de Catalunya o la red de bibliotecas de la Generalitat de Catalunya. Cuando presentamos estos proyectos en conferencias y jornadas alrededor del mundo, la gente siempre nos pregunta por qué editamos en catalán y no en castellano o francés. A parte de explicar qué es Cataluña, solemos comentar que todos los catalanes somos—como mínimo—bilingües y que nos sería muy fácil consultar y escribir un wiki en castellano, francés o italiano, idiomas con un público potencial mucho mayor, pero eso sería probablemente una sentencia de muerte para nuestro idioma.

También les sorprende que consigamos este nivel de compromiso entre las instituciones culturales y los editores voluntarios. En Europa, la mayor parte de museos y bibliotecas fueron creados gracias a las colecciones reales, pero no en Cataluña, donde fue la sociedad civil quien tomó la iniciativa y creó un denso tejido cultural propio. Es por eso que está en el ADN de las instituciones culturales colaborar con la sociedad civil. Esta actitud está muy relacionada con el espíritu wiki: si no lo hacemos nosotros, nadie lo hará. Si quieres que una cosa exista, créala tú, y compártela con los demás.

Lo mejor de todo es que somos una comunidad muy abierta. Los editores catalanoparlantes colaboramos con cualquier proyecto que se inicie a nivel mundial. Dentro de la comunidad wikipedista nos conocen como la *Catalan Army*,

---

2   http://meta.wikimedia.org/wiki/Wikimedia_CAT
3   http://theglamwikiexperience.blogspot.com/

porque siempre somos los participantes más activos y siempre que podemos ayudamos con las traducciones o en lo que haga falta[4]. Incluso la BBC se fijó en el "caso catalán" y nos hizo un reportaje. Como decía, nuestra única arma para ganarnos la confianza del mundo siempre ha sido el trabajo.

---

4   https://commons.wikimedia.org/wiki/Category:GLAM_in_Catalonia

Las lenguas de los catalanes

M. Carme Junyent

Profesora de Lingüística general en la Universidad de Barcelona, fundadora del Grupo de Estudio de Lenguas Amenazadas. Investigadora principal de varios proyectos sobre las lenguas de inmigración, ha coordinado el inventario de lenguas habladas en Cataluña. Comisaria de varias exposiciones sobre diversidad lingüística. Miembro del Comité de Expertos de la Declaración Universal de Derechos Lingüísticos.

"Si digo en Madrid que hablo quechua, no me hacen ni caso. Si lo digo en Cataluña, todo el mundo me hace preguntas." Un catalán de origen boliviano resumía así una de las características que se atribuyen a la sociedad catalana: el valor que se da a la lengua. Durante muchos años, el debate sobre la lengua se ha centrado en la relación catalán-español, pero en los últimos años Cataluña ha experimentado un cambio demolingüístico espectacular que ha impregnado tanto las zonas rurales como las urbanas. Durante la primera década del siglo XXI han llegado a Cataluña más de un millón de personas desde todos los rincones del planeta. Durante este período, la población ha pasado de poco más de seis millones de personas a siete millones y medio, y el número de lenguas con hablantes en Cataluña se calcula alrededor de las 300[1].

Las reacciones frente a este fenómeno se pueden dividir en dos grandes grupos: la de aquellos que han relacionado a los nuevos catalanes con la lengua dominante y, por tanto, los han sumado al bloque castellano; y la de aquellos que, de una forma o de otra, los han asociado al catalán, aunque sólo sea como una posibilidad de ganar nuevos hablantes. En gran medida, esta percepción ha sido fomentada por los propios recién llegados. Por un lado tenemos los que, sin ningún conocimiento del lugar de destino, suponían que llegaban a España y, por tanto, a un lugar hispanófono; y, por otro lado, los que establecían una simetría con la situación lingüística de su lugar de origen. En este segundo caso, a menudo la simetría ha llevado a la identificación, puesto que muchos de los nuevos catalanes son hablantes de lenguas subordinadas en sus lugares de origen y, en algunos casos, afirman haber "descubierto" la propia lengua en Cataluña; es decir, en el proceso de identificación con el catalán se puede dar a la vez un (re)conocimiento de la propia lengua, una necesidad de recuperarla en caso de que ya la hayan perdido o una revalorización que aporta también un aumento de la autoestima. No es necesario decir que la adopción del catalán reporta muchos beneficios, y no necesariamente económicos, sino especialmente sociales y afectivos. Como dice Sándor Márai: "Los hijos de todos los pueblos pequeños se sienten honrados cuando un extranjero se esfuerza por hablar su lengua materna."[2] Y el catalán es un pueblo pequeño que no sólo se siente honrado sino que en muchos casos empatiza con la historia lingüística de otros pueblos pequeños. Naturalmente, este rasgo no es universal y, una vez más, podemos distinguir dos tendencias en las actitudes hacia las lenguas de los otros, o bien la indiferencia, o bien la empatía (la hostilidad es francamente residual).

---

1 El Grupo de Estudio de Lenguas Amenazadas de la Universidad de Barcelona ha inventariado hasta ahora un total de 278 lenguas habladas en Cataluña.

2 Márai, S. (1943) *La gavina*, Ed. Empúries, Barcelona, 2011, p. 17.

Las diferencias en las actitudes hacia las lenguas de los catalanes se muestran en ámbitos diversos, muy especialmente en la enseñanza. Naturalmente, el cambio que ha experimentado la sociedad catalana también se ha manifestado en la escuela, donde, de los 19.793 alumnos de nacionalidad extranjera del curso 1999-2000 se pasó a los 155.845 del curso 2009-2010[3]. Muchos de estos alumnos han asistido a las aulas de acogida, el espacio creado para la adaptación curricular y emocional personalizada y para el aprendizaje intensivo de la lengua catalana. En estas aulas se han identificado más de 100 lenguas de origen. El Servei d'Immersió i Acolliment Lingüístics ha organizado también los cursos de lenguas de origen para todos los alumnos que deseen asistir, una iniciativa pionera y casi inédita en el conjunto del estado. Hasta ahora se han impartido clases de amazic, árabe, bengalí, chino, holandés, portugués, quechua, rumano, ucraniano y urdú.

Además de la atención a los alumnos recién llegados, el conocimiento de la diversidad lingüística se ha ido introduciendo en el currículum de forma que todos los alumnos pudiesen incorporar los conocimientos que aportan sus compañeros, y es aquí donde se aprecia una gran diversidad según la especialidad del profesor. En una investigación en curso[4] en la que se pregunta a los profesores qué lenguas se hablan en el centro educativo se detecta que, a grandes rasgos, son los profesores de lengua catalana los que las conocen mejor. Y, en cambio, no hay diferencias entre los profesores de otras lenguas (castellano, inglés y francés) y sus colegas de otras especialidades. También en el ámbito de la formación de adultos, el Consorci per a la Normalització Lingüística (organismo encargado de los cursos de lengua catalana fuera del ámbito escolar) hace el inventario de las lenguas de los alumnos, una práctica que no se da en otros organismos (Cruz Roja, Cáritas, etc.) que también ofrecen cursos de lengua, ya sea catalana o castellana.

La sociedad catalana, pues, está haciendo muchos esfuerzos para incorporar esta diversidad y no convertirla en un obstáculo para la convivencia. No cabe duda de que, en estos esfuerzos, se refleja la propia historia lingüística. La experiencia de vivir en una lengua estigmatizada se revive ahora cuando alguien habla de su lengua como de un "dialecto" o de una "lengua primitiva", y se agradece especialmente el esfuerzo por aprender una lengua que muchos tienen por prescindible. El reto es ahora saber cómo tratar esta diversidad en una Cataluña independiente.

Sea como sea el futuro, hay algo que ya es evidente, en el pasado familiar de un porcentaje muy alto de catalanes habrá lenguas de todo el mundo. Cómo

---

3 Fuente: Servei d'Immersió i Acolliment Lingüístics, Departament d'Ensenyament, Generalitat de Catalunya.

4 El rol de las lenguas de la inmigración en la escuela. Proyecto financiado por el Ministerio de Ciencia e Innovación FFI2009-05995.

será ese futuro depende también del trato que demos ahora a estas lenguas, y no parece que la mayoría de líderes políticos lo tenga en cuenta. Tanto Mas como Junqueras, los dos líderes con más escaños en el Parlamento, se han pronunciado a favor de la oficialidad del castellano en una Cataluña independiente; es decir, ambos siguen proyectando una Cataluña bilingüe e ignorando al 12% de la población que no tienen ni el catalán ni el castellano como primera lengua. Si tenemos en cuenta que, según la Secretaria per a la Immigració de la Generalitat de Catalunya, un 46% de los recién llegados están a favor de la independencia, no parece lo más acertado ignorar su contribución a un país que no ha de querer suprimir la diversidad o, dicho de otra forma, reproducir en una parte de sus ciudadanos la historia que ha hecho que nos sintamos expulsados de España.

El independentismo no nacionalista

Laura Borràs

*Laura Borràs (Barcelona, 1970) Licenciada en Filología Catalana (1993)
y Doctora en Filología Románica (1997) por la Universidad de Barcelona.
Premio Extraordinario de Doctorado en Ciencias Humanas y Sociales
(1998) por la misma universidad. Es profesora de Teoría de la literatura
y Literatura Comparada y dirige el Máster en Literatura en la era
digital en la UB. Desde el año 2000 coordina el grupo de investigación
internacional HERMENEIA que estudia la confluencia entre los estudios
literarios y las tecnologías digitales. En enero de 2013 fue nombrada
Directora de la Institución de las Letras Catalanas del
Gobierno de la Generalitat.*

Hace unos años, el independentismo como movimiento era tachado, en conversaciones públicas y privadas, de despropósito soñador. Los comentarios que—en Madrid, como simplificación españolista, pero también en la Cataluña mayoritariamente convergente—generaba el conjunto independentista eran de menosprecio. Para minimizar su posible impacto social y, al mismo tiempo, con la intención—perversa—de neutralizar la carga ideológica, se hablaba siempre de "cuatro gatos". Pues bien, los cuatro gatos han obedecido los preceptos divinos de "creced y multiplicaos", porque aquellos jóvenes utópicos han crecido y se han convertido incluso en adultos respetables! Muchos de ellos si no han entrado en política, sí que se han manifestado políticamente. Aunque, como en la canción del exitoso grupo catalán Manel, "nos ha costado Dios y ayuda llegar hasta aquí", aquí estamos. Muchos mitos se han desmitificado por el camino (dependencias económicas de exportaciones que han quedado fulminadas por boicots, nivelación de los mercados español e internacional, etc.) Y ha habido tiempo incluso para el ejercicio de una praxis política con aciertos y desaciertos que corrobora que estamos ante una opción cada vez más transversal y creciente. Lo que hoy en día las encuestas confirman, y cualquiera puede comprobar en su entorno más inmediato, es que el independentismo sociológico se ha convertido en una realidad abrumadora.

Ha habido ayudas importantes en este trayecto. Han sido palancas naturales hacia el aumento de la sensibilidad independentista las reacciones que España ha tenido hacia Cataluña en el transcurso de los últimos años (Estatuto, sentencias del Constitucional, intromisión lingüística, luchas deportivas, etc.). Y el desprecio y el expolio sistemáticos que se produce en todos los ámbitos, lingüístico, político, cultural, artístico, deportivo y, por supuesto, económico. El ejemplo deportivo es diáfano. La repetición hasta la extenuación de que no hay que mezclar política y deporte es esgrimida, paradójicamente, por quien más traza y tradición tiene en confundirlos. Considerar que no se deben mezclar es sólo la expresión retórica y *prêt à porter* de una falacia que no por gastada deja de usarse. La prensa española es especialista en dar lecciones magistrales de mezcla. Lo hace cada semana cuando dan F1 o motos, o NBA, o cualquier evento deportivo donde haya "españoles". El mismo concepto de "selección nacional" es un concepto político y las competiciones deportivas, desde los Juegos Olímpicos, lo son también. El problema, como siempre, es saber dónde acaba tu nacionalismo y dónde empieza el del otro. Politizar, según la RAE, es "dar una dimensión política (a algo que no la tiene), dar conciencia política (a alguien), hacerlo participar en la actividad política". O sea, que hemos de inferir que obligar a un deportista a jugar en una selección que no siente como propia, multarle si se niega a ir, expulsar a los que defienden las "otras" selecciones nacionales dentro de un mismo estado o esgrimir el pasaporte español como argumento para excluir la Federación Catalana de Hockey de la FIRS, entre muchos otros ejemplos; llanamente: prohibir tener selecciones propias, ¿no es politizar el deporte? Pues a eso se ha dedicado con franca obstinación del Estado español, hasta llegar a representar el callejón sin salida en el que van a parar muchas discusiones de calle. Cuando se pronuncia el fatídico: "¿qué pone tu DNI?" significa que ya no es posible razonar con el interlocutor que esgrime un argumento de tanta contundencia, sic. Los jugadores catalanes son españoles porque tienen pasaporte español. Clap, clap, clap. Muy convincente. Pero entran en este pantanoso terreno, le dedican tantos esfuerzos y hacen tanto el ridículo porque son conscientes de que las esferas públicas y privadas son muy importantes. Lo personal ya sabemos que es político. El deporte sirve para crear una identidad nacional que se expresa con unos determinados valores culturales (¿les suena, la roja?). Pues esto es así siempre, no discrecionalmente. Lo que no se puede concebir es que cuando es "de los nuestros" sea un signo de normalidad y cuando es de los "otros" sea una muestra de radicalidad excluyente. Cuando vociferan ¡Viva España! y cuando nosotros cantamos "Visca el Barça i Visca Catalunya" estamos fortaleciendo—todos—nuestra conciencia nacional. Pero las conciencias van muy caras, y parece que las hay de primera y de segunda categoría. O como lo decía amargamente el escritor catalán emigrado a México, Avel·lí Artís Gener, Tísner, de quien el pasado 2012 celebramos el centenario de su nacimiento, al constatar la "lamentable tendencia nuestra a aflojar. Nosotros somos un pueblo que no debe tener conciencia nacional". Joan Sales (otro de los conmemorados del 2012) afirmaba que "uno llega a sospechar que en todas partes del mundo se es patriota excepto en Cataluña; esto explicaría por qué vamos en retroceso desde hace cuatro siglos". Aún más: "Los catalanes llevamos trescientos años haciendo el imbécil, eso quiere decir que no es que tengamos que dejar de ser catalanes, lo que tenemos que hacer es dejar de hacer el imbécil". Triste vigencia de Sales que se sentía catalán "sencillamente como un albaricoque se siente albaricoque y no melocotón". Pues a ver si nos lo aplicamos y dejamos de hacer el ridículo.

La crisis económica de alcance mundial—y con ella, los recortes—ha contribuido a acelerar el sentimiento de malestar. Hoy, la opción soberanista es cada vez más contemplada si se tiene en cuenta que la distancia entre lo que se paga y lo que se recibe cada vez es mayor. La gran pregunta es ¿por qué teniendo un PIB comparable al de varios países desarrollados, nuestro nivel de bienestar real es muy inferior al de muchas regiones españolas? La riqueza que Cataluña genera no es sinónimo de bienestar. Al menos no lo es para los catalanes que, según la famosa definición del Presidente Pujol, son aquellos que viven y trabajan en Cataluña. Esta constatación fomenta el independentismo pragmático, el no nacionalista. Un español emigrante, como hay tantos, no deja de sentirse español por el hecho de que viva en el extranjero, pero en cambio mira por sus intereses allí donde vive, cotiza y recibe servicios por los que paga. ¿Por qué aquí debería ser diferente? Quizá no hay que apelar al sentimentalismo, sino al pragmatismo más radical que, en tiempos de crisis, es doblemente necesario. En un mundo global como el actual la independencia no debe ser una cuestión (sólo) de identidad. Que se sepa, no se han descubierto todavía detectores para los secretos del corazón, como decía Llach en su canción *País petit* [país pequeño], mientras que los secretos del bolsillo son ya vox pópuli y los expertos dicen que es algo insostenible.

Las colonias españolas en ultramar necesitaron 300 años para culminar su proceso de liberación y celebran en el día de la independencia su fiesta nacional. Falta poco para que se cumplan 300 años de la derrota catalana del año 1714, el momento en que se produjo la caída, simbólica pero efectiva, y el derrumbamiento definitivo y total de Cataluña ante Castilla (que no de España, pero que abría el camino, por la fuerza, para convertirse en lo que ahora llamamos España con sus rasgos característicos: la prohibición del catalán y la imposición del español como única lengua). Trescientos años desde que nuestras instituciones (Consejo de Ciento, Generalitat, Diputación), nuestra bandera y nuestra lengua fueron de primera, no regionales y sometidas. ¿Hasta cuándo tendremos que vivir en la esquizofrenia permanente? ¿Hasta cuándo haremos ver que no nos damos cuenta de que el encaje con España ha sido una comedia? ¿Hasta cuándo soportaremos la paradoja de tener que pedir dinero a quien se nos lo queda? ¿Nos daremos cuenta de que la independencia es un estado de emancipación y soberanía política, económica y cultural que nos hace falta como ha sido necesario a todos los que se pudieron deshacer del lastre de un estado expoliador? La sociedad civil siempre va un paso por delante de los políticos y en términos de independencia esto se nota. Ahora necesitamos políticos que quieran entrar en la historia haciendo una aportación significativa a su país: haciendo posible la independencia de Cataluña.

Literatura en lengua catalana: ¿Qué está pasando?

Matthew Tree

Afincado en Barcelona desde 1984, Tree ha publicado 10 libros escritos en catalán, entre ellos 2 novelas, una colección de cuentos, una autobiografía, una crítica satírica sobre el mundo laboral y un análisis personal sobre el racismo. En inglés ha publicado, entre otros títulos, la colección de artículos y ensayos Barcelona, Catalonia: A View from the Inside *(2011). Su agente en Barcelona está a punto de publicar una edición promocional de su nueva novela en inglés,* Snug.

La primera vez que fui—o mejor dicho, que me llevaron—a una librería catalana, allá por el año 1978, no estaba muy seguro de que existiera algo como la literatura catalana. Desde entonces, desde aquella primera mirada a las brillantes cubiertas cubriendo las mesas de la librería La Tralla en Vic (en el centro de Cataluña), he leído en catalán sin dejar de sorprenderme.

El primer libro en catalán que leí no estaba escrito en Cataluña ni por un catalán: *Diccionari per a ociosos [Diccionario para ociosos]* 1964. (Una traducción en inglés apareció en 2006: *Dictionary for the Idle*, Five Leaves Publications, Nottingham.) Era de Joan Fuster, un ensayista valenciano. El siguiente que leí fue un libro de cuentos de Carme Riera, natural de Mallorca. A lo largo de los años, quizá más de un tercio de las obras en catalán que he leído han sido escritas fuera de Cataluña, pero dentro de los límites de las zonas catalanoparlantes consideradas como un todo y que son tanto transregionales como transnacionales: la Cataluña francesa, Andorra, Valencia, el este de Aragón y las islas Baleares.

No sólo eso, sino que me di cuenta de que muchos de los escritores catalanes auténticos que había empezado a descubrir—es decir, autores nacidos dentro del principado—habían escrito algunas de sus mejores obras a miles de kilómetros de distancia. Exiliado tras la victoria de Franco en 1939—cuando en España era tan peligroso ser escritor en catalán como ser anarcosindicalista—Pere Calders escribió sus extraordinarios cuentos y novelas (impregnados de lo que más tarde se llamaría realismo mágico) en México; Mercè Rodoreda escribió *La plaça del diamant [La Plaza del Diamante]*, su obra aclamada internacionalmente, en Ginebra (la tercera traducción al inglés aparecerá a finales de este año). La última novela de Francesc Trabal con su humorismo surrealista se acabó en Santiago de Chile, y así tantos y tantos otros.

En otras palabras, la literatura catalana fue y es por definición multinacional, un proyecto global, por así decirlo, y de ninguna manera una literatura regional en el sentido que se suele dar a esa palabra: provinciana, rural y sólo interesante para el público local. Al contrario, me encontré disfrutando de un furtivo placer al comprobar que estaba leyendo una literatura de primera categoría, en un idioma que la mayoría de la gente no conocía, y que había sido muy poco traducida (una situación que, como veremos, ha cambiado considerablemente).

Pero lo que no podía imaginar, durante aquellos primeros años de lecturas en catalán, era que con el tiempo aparecerían en escena escritores catalanes que no habían nacido en los territorios catalanoparlantes y para quienes el catalán era la segunda o la tercera lengua. Desde principios de los 90 hemos asistido a la llegada de la ensayista eslovena Simona Škrabec; la novelista y traductora checa Monika Zgustova; el autobiógrafo iraquí Pius Alibek; el novelista, historiador y experto en cocina Salah Jamal, de origen palestino; el crítico literario norteamericano Sam

Abrams; la beninesa experta en historias infantiles y en cocina de África Occidental Agnés Agboton; la excelente novelista de origen marroquí Najat El Hachmi y la periodista y novelista argentina Patricia Gabancho. Todos ellos escribiendo y publicando directamente en catalán.

Como resultado de esta variedad y este cruce de fronteras, podemos encontrar prácticamente todo tipo imaginable de obra de ficción en el panorama literario catalán de los últimos cien años: novelas de misterio, ciencia ficción, novela histórica, *bestsellers* a medida, narrativa popular, narrativa culta, novela erótica, novelas autobiográficas y muchas más, situadas en multitud de escenarios en los cinco continentes. Romanticismo, Modernismo, Realismo, Existencialismo, Surrealismo, Minimalismo, Postmodernismo, Post-postmodernismo y cualquier otra tendencia de la literatura occidental que se pueda imaginar, todas tienen sus representantes en la moderna literatura catalana.

Además, la traducción al catalán (así como al castellano, que todos los catalanes pueden leer a la perfección) ha permitido que un gran número de autores extranjeros estén directamente a disposición de los escritores en catalán. Muchos de esos autores, de hecho, son traducidos a menudo al catalán algunos años antes de que lleguen al público en inglés (Jonathan Littell y Yannick Haennel, por ejemplo) o sin que ni siquiera lleguen a traducirse nunca al inglés (por ejemplo, hay más títulos del checo Bohumil Hrabal o del portugués António Lobo Antunes disponibles en catalán que en inglés). De hecho, a menudo el catalán me ha puesto en contacto con las novedades internacionales antes que el inglés.

Con los años, hacia finales de los 80, cuando ya tenía claro que la literatura catalana se codeaba con las mejores literaturas europeas y que no era sólo para un grupo de pueblerinos amantes de los libros, llamó a mi puerta un vendedor de una organización cultural que vendía música y libros en catalán. Empezó su rollo con la pregunta: "¿Le gusta la cultura catalana?", que para mí tenía tanto sentido como si me hubiera preguntado si me gustaban las verduras catalanas. La cultura catalana—especialmente los productos basados en su lengua—es sencillamente tan vasta y heterogénea que resulta imposible meterla toda en el mismo saco.

Entonces, ¿cómo describirla? ¿Cómo dar una visión general? Bueno, una opción es optar por la explicación académica y simplemente describir su progresión cronológica (lo que hizo el profesor inglés Arthur Terry en su excelente obra *Companion to Catalan Literature* [2003]).

Según Terry y la mayoría de los historiadores, la literatura catalana aparece por primera vez alrededor de 1260 (aunque los primeros documentos religiosos y administrativos escritos en esa lengua datan del siglo X). Fue aquel período el que dio lugar a la obra del poeta, filósofo y fabulador Ramon Llull; a la de Ausiàs March (casi con certeza el primer gran poeta en escribir poemas amorosos muy personales en una lengua vernácula europea) y—aunque algo posterior, en el siglo XV—la primera gran protonovela europea de Joanot Martorell, *Tirant lo Blanc*. Alrededor de estas tres grandes figuras aparece un puñado de escritores sólo algo menores en prosa, poesía y narrativa histórica: Ramon Muntaner, Rois de Corella, Jaume Roig, Bernat Metge, Arnau de Vilanova, Anselm Turmeda, Francesc Eiximenis y Jordi de San Jordi. La lista sigue y sigue, dado que la literatura medieval catalana fue, sencillamente, una de las mejores y más prolíficas de Europa.

Pero con el siglo XVI—siguiendo nuestro guión académico—llegó un importante declive de la literatura catalana, coincidiendo con el debilitamiento político de las cortes de Valencia y Barcelona. Entre los que ahora podríamos llamar intelectuales, el castellano—la lengua de una edad de oro literaria centrada en la entonces única y potente nobleza castellana—empezó a proporcionar modelos literarios que siguieron los escritores catalanes, cuando no adoptaron directamente el castellano como su lengua literaria. Aún más, después de 1714—cuando Cataluña fue incorporada por la fuerza de las armas al nuevo Estado español—se cerraron las universidades catalanas y se prohibió el idioma (durante las siguientes décadas) en escuelas, cortes, iglesias y libros, lo que provocó un proceso de castellanización aún mayor y el declive de la producción literaria en catalán.

Más tarde, a mediados del siglo XIX, llega el período conocido como la Renaixença (Renacimiento), una época de resurgimiento nacional idealizado en que muchos autores catalanes redescubren su patrimonio literario medieval. La poesía y la narrativa (así como los libros centrados en la investigación del pasado histórico y en el folclore de Cataluña) son cada vez más abundantes. Algunas de aquellas obras—las novelas de Narcís Oller, la poesía de Jacint Verdaguer, las obras teatrales de Àngel Guimerà—tenían una calidad que no se había visto desde el último período medieval y en la actualidad todavía son ampliamente leídas (y traducidas).

La desigualdad de las obras producidas durante la Renaixença conduce finalmente al primer período realmente estable de la literatura catalana en la era moderna, cuando el movimiento Modernista—que dio un tinte emocional y cuasi místico a casi toda la escritura catalana—se puso en marcha hacia finales del siglo XIX. Desde entonces y hasta 1939, la literatura catalana se ramificó en varias tendencias y movimientos, pero nunca dejó de ser reconocible como una literatura europea moderna, única y floreciente con decenas de brillantes escritores e incluso de genios: el pintor y novelista Santiago Rusiñol, el novelista Raimon Casellas, el destacado poeta y ensayista Joan Maragall, el poeta mallorquín Joan Alcover, el elitista columnista y también novelista Eugeni d'Ors, el gran poeta surrealista J.V. Foix, la escritora Caterina Albert (más conocida por el seudónimo de Víctor Català), el poeta Josep Carner, el maestro de la prosa Josep Pla y el novelista y poeta Josep Maria de Sagarra.

Todo esto acabó de golpe cuando Franco y sus rebeldes insubordinados entraron en Cataluña en 1939. Franco y el régimen que él engendró percibían Cataluña como la única y mayor amenaza para la unidad de España, precisamente a causa de la vitalidad del catalán, una lengua que inmediatamente prohibió fuera de los hogares (aunque incluso en el hogar uno podía ser arrestado por tener libros en catalán). La literatura catalana pasó a publicarse en el extranjero o de forma clandestina o semiclandestina dentro de Cataluña. Las redes de distribución, las revistas, las críticas y los debates públicos que habían mantenido la literatura tan viva desaparecieron por completo. En 1961, el Estado relajó en cierto modo sus restricciones y posibilitó que se publicaran y tradujeran más títulos en catalán, pero para entonces dos generaciones habían sido educadas sólo en castellano y les resultaba trabajoso leer en catalán. Sorprendentemente, un importante grupo de escritores catalanes se negaron obstinadamente a cambiar al castellano, de forma que cuando el catalán volvió a ser una lengua que se podía enseñar legalmente (tras la muerte de Franco en 1975), a la gente le faltó tiempo para volver a leer la prosa y la poesía catalanas. No sólo de escritores anteriores a la guerra, sino también de autores que habían empezado a escribir durante la segunda mitad del siglo XX: Terenci Moix, Salvador Espriu, Montserrat Roig, Pere Calders, Manuel de Pedrolo y muchos más.

Una generación más joven de autores llevaría la escritura catalana hasta el nuevo milenio, en especial los autores de cuentos Quim Monzó y Sergi Pàmies. En definitiva, el panorama literario catalán en la actualidad es muy parecido al que puede haber en cualquier otra lengua europea: una mezcla de narrativa de éxito, con títulos como *Maletes perdudes* [*Maletas Perdidas*] de Jordi Puntí o *La caçadora de cossos* [*La cazadora de cuerpos*] de Najat El Hachmi (los dos pronto en inglés), *bestsellers* como *L'últim abat* [*El último abad*] de Martí Gironell, y un montón de títulos de no ficción que van desde las memorias de familia de Patrícia Gabancho hasta títulos que tratan de la actual presión por la independencia política, que se han convertido en un género por derecho propio.

Al mismo tiempo, aparecen nuevos escritores regularmente, a menudo publicados por un montón de nuevas editoriales pequeñas que han empezado a competir con los grandes grupos editoriales, menos experimentales y más consolidados.

Dicho esto, personalmente, por si sirve de algo, nunca me ha convencido la idea de *progresión literaria*—tendencias y movimientos que se siguen unos a otros. Al final, los escritores de cualquier edad, sin importar si siguen deliberadamente modelos existentes o preexistentes, cuando todo está dicho y hecho, están solos: individuos disparando desde posiciones siempre vulnerables. Escribir no es otra cosa, por tanto, que un proceso reducido a un individuo y el individuo, por definición, no tiene otra opción en última instancia que hacer lo que él o ella cree que es mejor (y luego esperar lo mejor). Los escritores catalanes no son una excepción. No importa cuál sea su ideología política—y en una zona tan altamente politizada como los territorios de lengua catalana es casi inevitable que sientan la inclinación de adoptar algún tipo de posición política—sus mejores obras de ficción son como las buenas obras de ficción de cualquier otro lugar: no toman partido, exploran las zonas oscuras de la vida humana, no les gusta enjuiciar. Aquellos escritores que sienten el deseo de hacerlo expresan sus opiniones políticas en ensayos o en blogs, columnas de periódicos y programas de entrevistas. Cuando vuelven a sus novelas y cuentos, vuelven a tener libertad para volver a entrar en el ambiguo reino de la incertidumbre, donde la mayoría de nosotros parece vivir.

Si parezco pesado en esto, lo soy porque me gustaría disipar una crítica recurrente que se hace a los autores que eligen escribir en catalán: que lo hacen por razones políticas ("nacionalistas"), y que eso se plasma en su producción literaria.

Quim Monzó (cuya madre era andaluza, por cierto) fue contundente al respecto en una entrevista en el diario *Avui* en 1985: "No soy nacionalista, lo que pasa es que no soy español."

¡Ah!

¿Cataluña o Países Catalanes?

Vicent Sanchis

Licenciado en Ciencias de la Información por la Universidad Autónoma de Barcelona. Profesor de Periodismo de la Universitat Ramon Llull. Ha sido director de diversas publicaciones, entre ellas el diario Avui *durante 12 años. Actualmente es director general del semanario* El Temps *y director y conductor del programa televisivo* Al Cap del Dia. *Colaborador y articulista de varios diarios impresos y digitales. Ganador del premio de ensayo Joan Fuster* (Franco contra Flash Gordon) *y del Carles Rahola* (Valencians, encara).

¿Qué es, qué quiere decir, la expresión *nación catalana*? La mayoría de los visitantes que cada año llegan como turistas a Cataluña no tienen ni idea. A lo sumo, han oído hablar de Gaudí y del Barça. Y Gaudí y el Barça son las máximas expresiones, artística y deportiva, de una tierra, Cataluña, que es una región, una parte, de España. Una España que se expresa exclusivamente en español y cuyos rasgos de identificación más conocidos y celebrados son los toros y el flamenco. Incluso ahora. Son muchos los que no tienen ni la oportunidad de palpar otra realidad. Una "diferencia" más real. Son muchos los que vuelven a casa sin haber oído hablar en catalán. Los que se van con cuatro pinceladas superficiales que les confirman los cuatro tópicos con los que llegaron. Y lo hacen con una guitarra andaluza, un sombrero de torero o una muñeca andaluza que han comprado en la Rambla de Barcelona como la expresión más representativa del *Made in Spain*. O aún peor: ¡a veces el recuerdo que da fe de su viaje es un sombrero mejicano!

Pero también es cierto, cada día más, que algunos antes de llegar a Cataluña ya han tenido noticias de otra realidad. La que afirma que Cataluña no es una región, sino una vieja nación europea que convive como puede y malvive, desde hace siglos, dentro de un estado llamado España. Un estado que esconde realidades nacionales distintas. Que procura diluirlas, sobre todo de cara al exterior. Este conocimiento, que rompe viejos esquemas y estereotipos, se ha hecho más profundo desde que un millón y medio de catalanes salieron a la calle el 11 de septiembre de 2012 en Barcelona pidiendo la independencia de Cataluña. Las regiones no piden la independencia. Sólo lo hacen las naciones. Dentro de esta lógica, algunos de los visitantes o de los curiosos que se acercan a la realidad catalana ahora lo hacen desde otra perspectiva. Con una información diferente que ya les facilitan los medios informativos de sus países. Así pues, los catalanes empezamos a ser conocidos internacionalmente como "un caso aparte". Como los irlandeses, los escoceses o los quebequeses.

Pero llegados a este conocimiento de la realidad, que parecía tan difícil de conseguir hasta hace sólo cuatro días, todavía se requiere otro esfuerzo. La definición de nación catalana no es ni matemática ni única. Para la mayoría de los catalanes que viven ahora en las cuatro provincias administrativas españolas con régimen autonómico propio, la nación catalana no va más allá de este territorio: Tarragona, Lleida, Girona y Barcelona. Un país delimitado en los mapas de geografía de la Península Ibérica por los Pirineos, el río Ebro y el río de la Sénia. Pero el catalanismo político—desde Enric Prat de la Riba (1870-1917), uno de sus teóricos más determinantes—a menudo ha propuesto otra realidad. Más complicada y difícil todavía. Una realidad que comprende todos los territorios de lengua catalana que formaban parte de la antigua Corona de Aragón, que dejó de existir políticamente en el siglo XVIII como consecuencia de la derrota en la guerra de

Sucesión (1701-1715) entre los pretendientes a la corona de España, Felipe de Borbón y Carlos de Austria. Una realidad que integra también la Cataluña francesa, el País Valenciano, las Islas Baleares y también algunas comarcas de Aragón.

Actualmente estos territorios forman "comunidades autónomas" diferentes dentro de la actual estructura territorial del Estado español vigente desde la aprobación de la Constitución de 1978. Existe, pues, la "comunidad autónoma" de Cataluña, la de Valencia, la de las Islas Baleares y la de Aragón. Existen también unas cuantas comarcas en los alrededores de la ciudad de Perpiñán que España cedió a Francia como consecuencia de una de las guerras que las enfrentaron a lo largo del siglo XVII. Estos territorios son ahora comunidades autónomas españolas o departamentos franceses. Pero del siglo XII al XVIII formaron una unidad política: la Corona de Aragón. Una unidad conformada por distintos territorios— el Principado de Cataluña, el Reino de Aragón, el Reino de Valencia y el Reino de Mallorca—con leyes y privilegios propios que fueron abolidos a consecuencia de la derrota en la guerra antes mencionada. Una unidad forjada a raíz de la conquista cristiana de los territorios musulmanes desde los Pirineos en un larguísimo proceso que comenzó en el siglo IX y que finalizó en el siglo XIII. Todos aquellos territorios, colonizados por catalanes, compartieron—y todavía comparten—la lengua y la cultura catalanas.

Y son esta lengua y esta cultura comunes las que trazan un concepto de nación diferente. Un concepto que incorpora, no sólo a "Cataluña", sino también al País Valenciano, las Islas Baleares, la Cataluña administrativamente francesa y un largo territorio aragonés que también tiene el catalán como lengua propia. Así pues, el concepto de nación catalana es más amplio. Hay mucha gente que lo reduce a un ámbito estrictamente cultural. La "nación catalana" es, para ellos, un fenómeno cultural. Como la Francofonía lo es para los franceses.

También hay mucha gente que lo reivindica políticamente. Hay muchos valencianos, mallorquines, menorquines o aragoneses que se sienten nacionalmente "catalanes". El defensor teórico más brillante de esta opción política fue el escritor valenciano Joan Fuster (1922-1992). Joan Fuster reivindicaba la antigua unión política entre catalanes, mallorquines y valencianos como la única alternativa a la desaparición nacional. Como única respuesta válida contra las pretensiones de diluirlos como "españoles"—de lengua y cultura españolas. Una pretensión que la corona o el Estado llevan siglos intentando culminar con éxito. Sin conseguirlo.

Fuster sintetizó esta propuesta con una frase que la ilustra de manera brillante: "Ser valencianos es nuestra manera de ser catalanes". Pero esta reivindicación es desigual. Hay gente que la rechaza frontalmente y la hay que sólo la acepta en el ámbito lingüístico. Representan la mayoría social y política en el País

Valenciano y en las Baleares. Incluso en Valencia han existido fuerzas políticas anticatalanistas definidas para negarla y combatirla. Fuerzas que han tenido, y tienen, un gran peso tanto político como social. A pesar de ello, es un sentimiento vivo y reivindicado. Hay "catalanes"—gente que se siente catalana—allá donde se habla la lengua catalana. Y para estos catalanes la "nación catalana" es otra realidad. Una realidad mucho más compleja y ambiciosa. Una realidad difícil de entender para todos aquellos que, desde fuera, apenas empezaban a entender ahora que Cataluña—la Cataluña de las cuatro provincias—no es una región de España. Pero, ¿qué podemos hacer? ¡La realidad siempre es aún más complicada!

La hora de decir que sí

Eva Piquer

Escritora y periodista cultural. Ha trabajado en prensa escrita, radio y televisión. Ha sido profesora de periodismo en la Universidad Autónoma de Barcelona y corresponsal en Nueva York. Ganó el premio Josep Pla 2002 con la novela Una victòria diferent. *Ha recibido el premio Atlántida a la mejor articulista en lengua catalana. Ha publicado varios libros de ficción y de no ficción. Mantiene la web evapiquer.cat*

De pequeña me engañaron. Me llevaron a una escuela donde nos educaban como si viviéramos en un país normal. Todavía en pleno franquismo: tiene mérito. En aquella escuela extraordinaria (con un cuadro del dictador escondido en la buhardilla: lo colgaban en la pared a toda prisa cuando venía un inspector), nos hicieron creer que la igualdad entre hombres y mujeres era un hecho. Que la sociedad avanzaba ella sola hacia un futuro justo y libre. Y que Cataluña era un país como cualquier otro, y el catalán una lengua plenamente normalizada.

De pequeña, pues, no sentí la necesidad de ser catalanista, ni feminista, ni progresista. Éstas ya eran luchas ganadas, y la vida es demasiado corta para perder el tiempo reivindicando evidencias.

Pero un mal día salí de la burbuja en que había crecido y descubrí que me habían enredado. Que casi todo estaba aún por hacer. Que todavía teníamos que hablar en futuro de la igualdad: no era cierto que las mujeres de mi generación ya lo tuviéramos todo ganado. Que el progresismo andaba amenazado por todos lados. Y que no, no vivíamos en un país normal. Para nada.

Me habría podido enfadar por los años en que crecí engañada. Pero no lo hice. Primero, porque estoy muy agradecida a mis padres por haberme llevado al colegio donde me llevaron, haciendo mil y un sacrificios, pues mi familia es de origen humilde y la cuota mensual no era precisamente barata (me pasé la infancia reivindicando que queríamos ser escuela pública, y al final lo conseguimos). Y segundo, no me enfadé porque no había tiempo que perder. Tocaba arremangarse y seguir luchando. Qué remedio: me hice feminista. Y progresista. Y catalanista. Es decir, independentista. Quería vivir en un país libre.

De adolescente milité en la *Crida a la Solidaritat en Defensa de la Llengua, la Cultura i la Nació Catalanes*, un movimiento asambleario que intentaba cambiar el mundo con alegría. Éramos aquellos que pintaban barcos de color rosa, llenaban el aeropuerto de aviones de papel para pedir que lo catalanizaran o viajaban en el tren de las naciones para reclamar la presencia del catalán en Europa. Me lo pasé tan bien, en la Crida, que incluso agradecí a las generaciones anteriores que nos hubieran dejado parte del camino por recorrer. Incluso llegué a afirmar que había nacido demasiado tarde, que me habría gustado nacer en los años 50 para haberme podido rebelar contra el franquismo, para haber podido correr delante de los "grises".

Recuerdo una discusión que mantenía a menudo con un buen amigo, hace veintitantos años. Yo le decía que me habría gustado experimentar la adrenalina del final de la dictadura y él me decía que eso que yo decía no tenía ningún sentido. Tenía razón él, porque siempre hay causas por las que luchar. En positivo y con alegría, pacíficamente, pero luchar. Ahora mismo yo quiero dejar el mejor mundo posible a mis cuatro hijos. Y no tengo ninguna duda de que, si ellos quieren, ya encontrarán la forma de mejorarlo todavía más.

Después me hice periodista. En principio, los periodistas no se pueden posicionar políticamente. Tienen que aparentar neutralidad, y si se mojan ya están perdidos: les cuelgan la etiqueta y pierden credibilidad. Es cierto que todos hacemos política, desde todos los ámbitos. Incluso aquellos que se declaran apolíticos, que ya me perdonarán, pero no les entiendo. Si eres ateo y no crees en la otra vida es tu problema, tal vez Dios o quien sea ya te castigará cuando estés en el más allá. Pero no interesarse por cómo nos organizamos en esta vida, que es la única que sabemos seguro que tenemos, no deja de sonar extraño. Todos hacemos política, pero hacerla explícitamente suele penalizar. No está bien visto. Uno de los deportes nacionales es hablar mal de los políticos. Como si todos fuesen corruptos y trabajasen en contra del pueblo. Y esto no puede ser, ni que sólo sea por una cuestión estadística.

Pero llega un momento en que te tienes que arremangar aún más. Porque la situación es excepcional, y las situaciones excepcionales requieren actitudes excepcionales. Y este momento es ahora. Todavía me pellizco cada mañana para comprobar que no estoy soñando y que, en efecto, estamos avanzando finalmente hacia la ansiada independencia, que significa normalidad, que significa ser responsables de nosotros mismos, que significa ser aquello que queramos ser. Estamos avanzando hacia ser un país normal. Sólo queremos ser lo que somos, nada más. Una amiga me decía el otro día que sufre por si acabamos construyendo un país que no sea paradisíaco. Mira, por lo menos será el nuestro, y si hay miserias serán nuestras miserias.

El mundo se divide en tres clases de personas. La gente que hace cosas, la gente que ni hace ni deja hacer y una inmensa mayoría que nos lo miramos y, en función del estado de ánimo que nos contagian los unos o los otros, nos ponemos a trabajar o bien desviamos la vista, para evitar que nos hagan cargar cajas, vender números de la tómbola o recoger la mesa. Hay quienes quieren presidir la asociación de padres y madres de alumnos del colegio, quienes no van ni siquiera a las reuniones que se convocan y quienes van a las reuniones por inercia, pero se acaban metiendo en la comisión del camino escolar, porque han entendido que hay que conseguir sí o sí que instalen un semáforo en aquella travesía peligrosa y que, si ellos no se implican de verdad, luego tampoco tendrán derecho a quejarse.

Ahora es el momento de luchar por el semáforo verde que nos llevará a la libertad. Los catalanes hemos tomado conciencia de que estamos ante una encrucijada histórica. Una de dos: o aceptamos un camino de humillación y suicidio colectivo, que es lo que nos espera si seguimos en España, o nos volcamos en la liberación nacional. Y hemos concluido que el dilema no existe: hartos de tener que pedir permiso y perdón por existir, y herederos de una dignidad que por suerte nunca hemos perdido del todo, no tenemos otro remedio que coger la antorcha de las generaciones que nos han precedido y avanzar con paso firme hacia el único objetivo posible. No tenemos otro remedio que aparcar las posturas cómodas y comprometernos de pies a cabeza, porque nos jugamos el futuro de nuestros hijos y el de los hijos de nuestros hijos. Nos va la vida en ello, y tenemos que actuar en consecuencia.

Vivimos momentos decisivos. Y en momentos así tú, yo y el vecino de arriba nos tenemos que arremangar. Porque si se trata de recoger una mesa, lo puede hacer una sola persona, pero construir un país nuevo es una ambición que requiere un inmenso esfuerzo conjunto. La responsabilidad es tan enorme que debemos ayudar a los políticos profesionales: desde la sociedad civil no podemos lavarnos las manos. Sólo lo conseguiremos si empujamos juntos en un mismo sentido. Y el mundo sólo se cambia desde dentro. La independencia (o el estado propio, o como queráis llamarlo) no llegará si nos sentamos en el sofá esperando a que llegue. La independencia, que significa la libertad, la tendremos que sudar.

Ahora es el momento de intentarlo. Y de lograrlo, por supuesto, pero el drama sería no haberlo intentado cuando finalmente se nos presenta la mejor oportunidad de los últimos trescientos años. O de toda la historia. Ahora es el momento, creo, de luchar por el semáforo verde que hace tanto que deseamos. Por eso me hizo tanta ilusión que un partido con historia y con futuro como Esquerra Republicana, un partido soberanista y de izquierdas, me pidiese que les ayudara a empujar desde dentro, como independiente. Me propusieron ir en las listas de ERC en las elecciones al Parlamento de Cataluña y me atreví a decir que sí, porque ahora es la hora de decir que sí. En el referéndum también, por descontado. Es la hora de construirnos en positivo y de emanciparnos de una vez, para poder tener voz propia dentro de este mundo de todos. No podemos perder más tiempo dependiendo de España.

No quiero la independencia como mal menor, porque nos tratan tan mal que no nos queda otro remedio. Quiero la independencia con alegría. Porque ya somos mayorcitos y tenemos que ser responsables de nosotros mismos. Como le oí decir al sociólogo Salvador Cardús, yo querría la independencia ni que con ella perdiéramos dinero. Y como dice Oriol Junqueras, yo sería independentista ni que España fuera el estado más próspero del mundo. Que no es el caso, precisamente.

Pero ahora, además, la independencia es una necesidad. Una urgencia. Ha dejado de ser una utopía para pasar a ser la única solución posible para poder rehacer y mantener el estado del bienestar. Para tener un país con médicos, escuelas, trabajo y oportunidades. Hoy en Cataluña hay cerca de un millón de parados, y uno de cada dos jóvenes está en el paro.

Ahora pagamos un estado que nos sale carísimo, y encima nos juega a la contra: no quiere que decidamos, ataca nuestra lengua, no invierte en Cataluña y se nos lleva 16.000 millones de euros cada año. Mientras tanto el Estado español dilapida millones y millones de euros en trenes sin pasajeros y en aeropuertos sin aviones. Es legítimo que queramos administrar lo que es nuestro. Es normal que queramos hacer lo que ya han hecho, en el último siglo, 29 de los 50 estados que hay hoy en Europa: proclamar la independencia. Más aún cuando ni uno solo de dichos estados se ha arrepentido: todos están muy contentos de tener un estado que les defienda.

Sin déficit fiscal y con soberanía plena, todos viviríamos mejor. Los independentistas (que ya habríamos dejado de serlo, ¡aleluya!) y los que no lo son. Seríamos, seremos, el primer nuevo estado de Europa que nace como culminación de un proceso absolutamente democrático, a partir de la voluntad democrática de la gente, un estado que la gente se habrá ganado a pulso. Gente que quiere controlar sus recursos y su destino. Y nos conviene hacer el proceso rápido y bien, con la democracia por bandera, porque cada mes que pasa hay más paro, más déficit y más familias que malviven en la miseria.

Queremos una sociedad justa dentro de un país libre. Queremos una sociedad, por ejemplo, que ponga impuestos a los bancos y a las grandes fortunas, que luche contra el fraude fiscal y que no estrangule por sistema a las clases medias y trabajadoras.

Me he dedicado toda la vida al periodismo cultural y a los libros. En este nuevo país que tenemos la oportunidad de construir, más valdrá que tengamos claro que la cultura es un valor esencial. Y, pues, no es superfluo. Somos los libros que hemos leído, los cuadros que hemos contemplado, las canciones que hemos escuchado. De la cultura no podemos prescindir, porque es lo que nos acaba civilizando y lo que acaba dando sentido a lo que somos. La alimentación intelectual es tan esencial como la alimentación del cuerpo. Quien sube el IVA cultural no lo hace inocentemente, lo hace porque le conviene: una sociedad que no lee es una sociedad más dócil, más manipulable.

Tenemos que evitar que la cultura sólo sea para aquellos que la pueden pagar. Quizás debe tener un precio, porque vivimos en una sociedad que no valora lo que es gratis, y porque si no lo pagamos nosotros lo pagará alguien que querrá que consumamos precisamente lo que conviene a sus intereses, pero debe ser un precio asumible. Hay que defender un acceso democrático a la cultura, tiene que llegar a todos y a todas partes, porque la cultura garantiza la cohesión social y es la cuarta pata del estado del bienestar.

En época de recortes, la cultura tiene que pagar los platos rotos como todos los demás ámbitos, pero no más. La cultura es a la vez una política social y una estructura de estado. Y la inversión en cultura es proporcionalmente tan pequeña (no llega al 1% del presupuesto global de la Generalitat), que los recortes se notan poco globalmente y conllevan el riesgo de cargarse el sector. El presupuesto anual en cultura es equivalente al que se gasta la Generalitat sólo en ansiolíticos y antidepresivos. Propongo un experimento: quizás si aumentaran las inversiones en cultura bajaría el consumo de antidepresivos, porque la gente sería más feliz.

En una Cataluña independiente la cultura quedará automáticamente reforzada, de entrada porque tendremos más recursos. Y si los ciudadanos tenemos más capacidad de consumo, también consumiremos más cultura. Y no tendremos un estado en contra sino un estado a favor, qué descanso. Mi poeta de cabecera, Joan Margarit, defiende que la cultura está por encima de la libertad. Porque sin cultura no hay libertad, aunque haya votaciones cada semana, y en cambio sin libertad podemos seguir teniendo cultura. Por lo tanto, antes de gritar viva Cataluña libre (que también), deberíamos gritar viva Cataluña culta. Y, para rematar, viva Cataluña justa.

Uno de los escritores que más admiro, Jaume Cabré, me dijo en 2010: "Con un estado propio, los catalanes seríamos más felices y viviríamos más tranquilos." Es por eso que quiero la independencia, para ser más feliz y vivir más tranquila, para no tener que invertir más tiempo y energías en reivindicar evidencias, en pedir permiso y perdón por existir.

Porque yo aspiro a terminar viviendo en aquel mundo falso de cuando era pequeña, donde no hacía falta ser catalanista ni feminista ni progresista porque éstas ya eran luchas ganadas. Teníamos problemas en el patio del colegio, pero al menos nadie nos discutía que la pelota era nuestra. Y nadie nos decía que las niñas no podíamos jugar al fútbol. Éramos lo que queríamos ser. Como los catalanes, que pronto seremos lo que queramos. Y nos podremos dedicar a vivir la vida, sin tener que invertir ni un segundo más en reivindicarnos.

Otra escritora que admiro mucho, la poeta y traductora Montserrat Abelló, me confesó poco antes de las elecciones del 25 de noviembre que tiene muchas ganas de vivir en una Cataluña independiente. Montserrat Abelló tiene 94 años y está convencida de que verá la independencia. Ella explica que, cuando seamos independientes, volverá a amar el castellano. Después de la Guerra Civil Montserrat vivió un exilio de veinte años en Chile, y en los años sesenta volvió a Barcelona. Y en Barcelona se encontró una lengua catalana tan perseguida que, como reacción, pasó a odiar el castellano. Desde entonces no ha leído ni ha trabajado nunca más en castellano, sólo en catalán e inglés. Tiene ganas de que llegue la independencia para poder volver a amar una lengua que había amado tanto como el castellano. Cree que tendrá tiempo de hacerlo, y tiene 94 años. Me enamora su optimismo.

Los ilusos no nos salvarán de nada, pero hoy casi tenemos la obligación de ser optimistas. Resulta que el cerebro humano ya incorpora de serie una tendencia a ver el vaso medio lleno. Por pura supervivencia, la mayoría tenemos una visión sesgada del propio destino. Somos más optimistas que realistas. Infravaloramos las posibilidades de romper con la pareja, de perder el trabajo o de contraer una enfermedad. Ni que crezca el pesimismo colectivo, se mantiene el optimismo privado: en el fondo del fondo, cada uno cree que él individualmente acabará saliendo adelante. Que las desgracias de verdad sólo azotan a los demás.

La gracia de tener unas expectativas positivas es que sólo por eso ya somos más felices. Los optimistas se divorcian tanto como los pesimistas, pero son más propensos a volverse a casar. No escarmientan: la ilusión pasa por encima de la experiencia. Y todo esto que ganan. Tener muchas expectativas nos acerca al fracaso, puede pasar que nos estrellemos, pero es lo único que puede hacer posible el éxito.

A los catalanes nos ha llegado el momento de ser optimistas también a escala colectiva. En adelante tenemos el deber de ver el vaso más lleno que vacío, de pensar que sí, que lograremos la liberación nacional. Tendríamos que enterrar el espíritu del antiguo culé, aquel "ay ay ay" tan nuestro: es una actitud que no lleva a ninguna parte y que nos hace perder antes de tiempo. El 11 de septiembre de 2012, mucha gente salió a la calle mientras ya se preparaba para la frustración posterior, estaban convencidos de que manifestarnos no serviría para nada. Pero vaya si sirvió.

"Esto puede salir bien," dijo Artur Mas el pasado 30 de noviembre, cinco días después de las elecciones. Tomemos las palabras del presidente y convirtamos la posibilidad en certeza: esto saldrá bien. Digámoslo en voz alta, sin reservas. Esto saldrá bien. Esto saldrá bien. Esto saldrá bien. A saber cómo y por qué nos hemos plantado hasta aquí, pero resulta que estamos a las puertas de ese futuro que tanto habíamos deseado. Mejor que nos empecemos a entrenar, porque quizá se nos acerca la hora de celebrar victorias.

Los llamados unionistas nos quieren asustar diciendo que saldremos de Europa y del euro y del sistema solar y del sistema métrico decimal, que perderemos las pensiones, que marcharán las empresas y nos harán boicot, etcétera. Necesitaremos coraje y paciencia y resistencia. Aunque, si continúan a este ritmo, pronto se les acabarán los argumentos del miedo: quedaremos inmunizados y ya no nos podrán asustar nunca más. Pero mientras traman la nueva plaga que nos asolará por ser independientes, tendremos que resistir y tendremos que contrarrestar el miedo con argumentos, con calma y con democracia, mucha democracia. Nadie ha dicho que fuera fácil. Pero los retos fáciles no son tan apasionantes.

El objetivo que está en juego vale la pena y tenemos la mejor oportunidad de la historia para conseguirlo. Yo quiero la independencia para mis hijos, pero me gustaría que la pudieran ver mis padres, también. Mis padres, que nacieron en la posguerra, hijos de los perdedores, que fueron una generación anestesiada políticamente por el franquismo, que no adquirieron conciencia política hasta principios de los setenta. Y que entonces, a principios de los setenta, me quisieron dar la educación que ellos no habían recibido y se sacrificaron económicamente para llevarme a aquella escuela fantástica donde me hicieron creer, hace cuarenta años, que ya vivíamos en un país normal.

Mi primera gran decepción política se llamó Nacionalistes d'Esquerra. Un movimiento independentista fundado en 1979, que reivindicaba el derecho a la autodeterminación y la soberanía de Cataluña en el marco de los Países Catalanes. Mis padres volvieron emocionadísimos de un mitin: por fin habían encontrado su partido. Me regalaron un póster con versos que tuve colgado durante mucho tiempo en la cabecera de mi cama. Recuerdo la última estrofa: "Y nombraremos a uno, porque es él/ quien hoy nos representa:/ salud, Jordi Carbonell". Cuando se celebraron las elecciones del 1980, yo tenía once años e ignoraba que era una mujer de minorías. Aún no había salido de la burbuja de aquella escuela progre, activa y catalanista. Pero la realidad es tozuda: hace 32 años, sólo el 1, 6% de los catalanes apostaron por Nacionalistes d'Esquerra.

Ahora los independentistas de toda la vida (convencidos desde siempre que sólo con la independencia podremos disfrutar de una sociedad más justa) tenemos una sensación extraña: nosotros no nos hemos movido, pero el mundo se nos ha acercado. Hemos pasado a ser *mainstream*. Y a algunos les sabe mal que ahora seamos tantos. Pero necesitamos que se apunten al club cuantas más personas mejor, cuanto más diferentes mejor. Que la *estelada* haya pasado a ser la bandera de todos es una grandísima noticia. Porque sólo seremos independientes si el independentismo es mayoritario. Si hacemos un referéndum y gana el sí. No he votado nunca el partido ganador de unas elecciones, pero será bonito votar en un referéndum y ganar. Y que lo vea Jordi Carbonell, que en 2014 cumplirá noventa años. Y Montserrat Abelló, que va camino de centenaria.

Seremos lo que queramos ser. En mi perfil de Twitter, pone: "He parido libros, artículos y cuatro hijos". Un amigo me dijo hace poco: "Pronto pondrás que has ayudado a parir un estado". Caramba. Sería la ilusión de mi vida. Será la ilusión de nuestra vida.

Viva Cataluña libre. Viva Cataluña culta. Viva Cataluña justa.

Un referéndum escocés para Cataluña

Xavier Solano

*Asesor político de diputados escoceses en el Parlamento del Reino Unido.
También ha trabajado como asesor diplomático en la capital británica
y como asesor de Nicola Sturgeon cuando esta era líder del Scottish
National Party en el Parlamento escocés y adjunta de Alex Salmond.
Entre otros cargos también ha ejercido como asesor de la antigua líder
del Scottish Labour Party, Wendy Alexander, y para el Gobierno escocés.
Entre 2008 y 2011 representó al Gobierno de Cataluña en el Reino Unido,
Irlanda e Islandia y es autor de* El mirall escocès [El espejo escocés]
*(2007), un libro sobre el autogobierno escocés y sobre el proceso de
soberanía nacional. También ha publicado artículos en varios periódicos y
revistas de Cataluña así como capítulos de varios libros.*

Tal como están las cosas actualmente, es probable que los referéndums por la independencia de Cataluña y de Escocia se celebren en algún momento de 2014. Es, sin duda alguna, un momento histórico, no sólo para Escocia, Cataluña, el Reino Unido y España, sino también para la Unión Europea. Un resultado positivo conduciría a un proceso que culminaría en la primera ampliación interna real en la historia de la Unión Europea—sin contar la reunificación de Alemania que tuvo lugar en 1990.

Como escribió el Primer Ministro escocés en el prólogo de mi libro *El espejo escocés* (RBA, 2007), "Escocia y Cataluña son antiguas naciones de Europa. Hemos escrito parte de la historia de Europa como países libres e independientes."

Escocia y Cataluña tienen muchas cosas en común. Ambas son naciones pequeñas que actualmente forman parte de estados miembros de la Unión Europea. Ambas perdieron su soberanía a principios del siglo XVIII, Escocia en 1707 y Cataluña en 1714. Trescientos años después, una parte importante de escoceses y catalanes creen que ya no tiene sentido permanecer dentro de sus estados respectivos. La situación actual ya no les proporciona suficientes ventajas, en realidad muchos creen que Escocia y Cataluña pierden oportunidades cada día por el hecho de no ser independientes y de no tener plena libertad para tomar decisiones sobre sus propios asuntos.

Cada vez hay más gente que cree que ya es el momento de convertirse en una nación adulta, en personas responsables de sus propias acciones con todas las consecuencias que ello conlleva, igual que los demás, cerca de 200, países del mundo.

Sin embargo, también hay diferencias importantes entre Escocia y Cataluña. Por ejemplo, el Reino Unido da por hecho que Escocia es "una nación" y se considera que los escoceses tienen derecho a decidir el futuro de Escocia. El Parlamento británico, que nunca legisla sobre materias que han sido transferidas al Parlamento escocés, respeta y deposita su confianza en este último. Los presupuestos del Parlamento y el Gobierno escoceses se calculan mediante una fórmula transparente, se publican con regularidad los informes públicos sobre ingresos y gastos, y el Parlamento escocés goza de plenos poderes sobre las principales políticas, tales como educación, salud o justicia, por citar algunas. Escocia cuenta con equipos nacionales oficiales que participan en competiciones internacionales.

Cataluña no tiene nada de todo eso. El Gobierno y el Congreso de Diputados españoles, a diferencia de las autoridades británicas respecto a Escocia, han rechazado repetidamente otorgar a Cataluña dicho trato y reconocimiento.

Existe otra importante diferencia entre esas dos antiguas naciones. Escocia es un país muy conocido. La mayoría de la gente en algún momento ha oído hablar de Escocia o de algo relacionado con ese país. Posiblemente no conozcan a Jack Vetriano, pero seguramente la mayoría ha oído hablar de Sean Connery, de los kilts y del exquisito whisky escocés.

No es así respecto a Cataluña. A pesar de que muchas personas, lugares y organizaciones son muy conocidos, pocos han oído hablar de la milenaria nación catalana.

Algunos ejemplos famosos son la ciudad de Barcelona y su invencible equipo de fútbol, el FC Barcelona, el famoso chef Ferran Adrià, los pintores Salvador Dalí y Joan Miró, el violoncelista Pau Casals, el burbujeante vino que denominamos cava, o incluso la hermosa Costa Brava. Es difícil no haber oído nada sobre algo catalán o relacionado con Cataluña, pero no es tan difícil no saber que en realidad son personas o cosas catalanas.

Otra cosa que seguramente muy poca gente sabe es que Cataluña es una nación muy antigua. Por ejemplo, nuestro actual presidente, Artur Mas, es el 129 presidente de la Generalitat de Cataluña. Para situarlo en su contexto, permitidme que lo compare con los Estados Unidos, cuyo actual presidente, Barack Obama, es el líder número 44 de esa gran nación. No existen muchos países en el mundo que puedan decir que su primer presidente fue nombrado en 1359. Obviamente, los tiempos han cambiado, pero el sentimiento de autodeterminación y de soberanía de los catalanes sigue siendo muy fuerte.

El deseo de autogobierno es algo que compartimos con todas las naciones-estado del mundo y también con las naciones que, como Escocia, pretenden conseguir la independencia.

Escocia y el Reino Unido son un buen ejemplo para explicar Cataluña y España al mundo. Si observamos atentamente, veremos que el Reino Unido y España tienen muchas cosas en común. Por ejemplo, ambas se convirtieron en estados unificados a principios del siglo XVIII y ambas están formadas por varias naciones.

El Reino Unido, por ejemplo, está formado por ingleses, escoceses, galeses e irlandeses. Es interesante ver que los ingleses—que fueron y todavía constituyen la mayor y más importante nación del Reino Unido—nunca renunciaron a su propia nacionalidad para convertirse en británicos. Los castellanos, que fueron la mayor de las naciones que formaron el Estado español tras conquistar a las otras naciones ibéricas y abolir sus leyes, idiomas y constituciones, establecieron un proceso de castellanización de la nueva España unificada. Al final, dividieron su propia nación, Castilla, y la convirtieron en regiones españolas. Finalmente dejaron de pensar en Castilla como nación y pusieron en su lugar sólo a España.

Los ingleses, por su parte, siempre han conservado su propia identidad, lo que ha facilitado el mantenimiento de una relación relativamente saludable con sus vecinos. Por el contrario, España ha intentado implementar un programa agresivo de españolización o castellanización a los catalanes, vascos, gallegos y a todos los demás que no fueran castellanos.

Por este motivo, la propuesta de convertir a Escocia en un estado independiente del Reino Unido no ha propiciado esos ataques viscerales entre los ingleses, que entienden que se trata de un asunto escocés. Los ingleses se dan cuenta de que una Escocia independiente podría fragmentar el Reino Unido, pero que su propia nación, Inglaterra, quedaría intacta. En España, la reacción es diametralmente opuesta. Dado que los castellanos son ahora solamente españoles, creen que una Cataluña independiente rompería su nación. Por ello, el Gobierno y el Parlamento españoles se han movilizado activamente contra cualquier clase de reconocimiento de la identidad nacional de Cataluña aun cuando es bien sabido que Cataluña ya era una nación mucho antes de la creación de España y, obviamente, mucho antes de la división de Castilla.

El caso español es paradójico. Por un lado es un país democrático que pertenece a la Unión Europea del siglo XXI. Por otro lado, es un estado que, al contrario del Reino Unido y Escocia, o Canadá y Quebec, todavía no ha reconocido para Cataluña el estatus de "nación", aunque dicho estatus fue aprobado por el noventa por ciento de los miembros del Parlamento catalán y fue ratificado en un referéndum por el pueblo de Cataluña en 2006.

De hecho, podemos ir más allá. Al contrario de lo que sucede en Canadá, y en el Reino Unido en particular—donde todos y cada uno de los primeros ministros, desde Margaret Thatcher a David Cameron, incluyendo a Tony Blair, siempre han reconocido el derecho de los escoceses a decidir si quieren que Escocia se convierta en un estado independiente—el Gobierno español no quiere reconocer este derecho a los catalanes, a los vascos y a cualquiera que lo pida.

En realidad, el Gobierno español ya ha anunciado que, si el presidente catalán sigue adelante con el referéndum en 2014, tendrá que enfrentarse a los tribunales.

El empresario e ingeniero catalán, Xavier Roig, dijo una vez que el Reino Unido, al revés que España, es un país que sabe cómo deletrear "democracia". El prestigioso columnista del periódico británico *The Times*, Matthew Parris, que, todo hay que decirlo, fue diputado conservador en Westminster y que se ha manifestado contra la independencia de Cataluña, escribió lo siguiente a finales de diciembre de 2012:

"Si el primer ministro (español) Mariano Rajoy y sus aguerridos
seguidores tuvieran que mantener la unidad de nuestro Reino Unido,
en pocos días se movilizarían las Fuerzas Armadas para atacar el
Parlamento escocés, los departamentos gubernamentales exigirían que
se anularan las transferencias legislativas, Salmond sería aclamado
y llevado a hombros por la Milla Real de Edimburgo y crecerían
considerablemente los partidarios de la independencia."

Por ahora, hay que decir que la diferencia más importante entre Escocia y Cataluña es que España no es el Reino Unido. El 12 de octubre de 2012, el primer ministro del Reino Unido, David Cameron, y el primer ministro escocés, Alex Salmond, firmaron el "Acuerdo de Edimburgo" por el cual ambos gobiernos se comprometían a trabajar conjuntamente para que en 2014 puedan celebrar el referéndum sobre la independencia de Escocia.

Hay que destacar que este acuerdo finaliza con una cláusula digna de mención:

"Ellos [los gobiernos del Reino Unido y de Escocia] desean la
celebración de un referéndum que es legal y justo y cuyo resultado
sea decisivo y respetado. Ambos gobiernos se comprometen a seguir
trabajando juntos de modo constructivo con vistas a su resultado, sea
cual sea, en el mejor interés del pueblo de Escocia y
del resto del Reino Unido..."

Por desgracia, en España, actualmente no se permite a los catalanes decidir libre y democráticamente el futuro de su propio país.

Siempre es buen momento para recordar la Declaración de Independencia de los Estados Unidos de América. En su segundo párrafo dice:

"...todos los hombres son creados iguales; son dotados por su Creador
de ciertos derechos inalienables, entre ellos están la Vida, la Libertad
y la Búsqueda de la Felicidad. —Para garantizar estos derechos se
instituyen entre los hombres los gobiernos, que derivan sus poderes
legítimos del consentimiento de los gobernados; cuando una forma
de gobierno se vuelva destructora de estos principios, el pueblo tiene
derecho a reformarla o abolirla e instituir un nuevo gobierno que base
sus cimientos en dichos principios y que organice sus poderes en forma
tal que a ellos les parezca más probable que
genere su Seguridad y Felicidad."

Es un párrafo lleno de valores sensatos e universales que nos hacen pensar que tenemos razón.

Los idiomas en la enseñanza

Miquel Strubell

Licenciado en psicología por las universidades de Oxford, Londres y Barcelona. Después de trabajar durante 19 años para la Generalitat de Catalunya en la promoción del catalán, se trasladó a la Universitat Oberta de Catalunya en 1999, donde su especialidad es la sociolingüística y la planificación lingüística. Ha realizado investigaciones en el campo de las lenguas minoritarias, la política lingüística europea y la promoción del catalán, y ha coordinado una serie de proyectos e informes europeos. Es cofundador de la Assemblea Nacional Catalana.

Hace unos meses, la Cátedra de Multilingüismo y de la Facultad de Psicología y Ciencias de la Educación, ambas de la Universitat Oberta de Catalunya[1], publicaron conjuntamente un folleto reuniendo evidencia empírica sobre el nivel de rendimiento alcanzado (tanto en catalán como en español) y el nivel académico general de los escolares en Cataluña matriculados en las escuelas públicas del país. El librito también se ha traducido al inglés como *Results of the Language Model Adopted by Schools in Catalonia: The Empirical Evidence*[2] y al castellano como *Resultados del Modelo Lingüísticoescolar de Catalunya. La evidencia empírica*[3].

Sin lugar a dudas, en vista del desequilibrio social entre el catalán y el español (este último ha invadido de modo muy diverso la sociedad catalán, así como las Islas Baleares y las zonas históricamente de habla catalana en Valencia), las escuelas son el único medio a disposición de los gobiernos democráticos para lograr que todos los egresados escolares sean completamente bilingües y alfabetizados. Sin embargo, diferentes modelos se aplican en diferentes regiones. En Valencia, el hecho de que una alta proporción de jóvenes (casi la mitad, de hecho) termine sus estudios sin tener un dominio de las dos lenguas oficiales, solo puede ser interpretado como un fracaso del modelo aplicado en la región[4]. Los datos de un amplio estudio realizado en 2010 revelan una mejoría general, pero en el grupo más joven, de entre 15 a 24 años, los que afirmaban hablar el idioma "perfectamente" o "bastante bien", sólo constituyen el 57 por ciento de este grupo de edad[5].

¿Por qué la cifra de Cataluña (85 por ciento) es tan superior?[6] La respuesta simple es que en Valencia las escuelas son segregadas por motivos lingüísticos, lo que conduce a un alto porcentaje de alumnos que reciben una instrucción insuficiente en catalán y consiguen un nivel insuficiente de competencia. Mientras que en Cataluña se sigue un modelo de "conjunción lingüística", lo que significa que todos los alumnos asisten a las escuelas con un modelo de lengua en la educación

---

1   http://www.uoc.edu

2   http://www.uoc.edu/portal/en/catedra_-multilinguisme/index.html Fue coordinado por Miquel Strubell, Llorenç Andreu y Elena Sintes, y las contribuciones fueron hechas por destacados científicos especializados en este campo: Melina Aparici, Joaquim Arnau, Aurora Bel, Montserrat Cortès-Colomé, Carme Pérez Vidal e Ignasi Vila Mendiburu.

3   http://www.uoc.edu/portal/ca/catedra_multilinguisme/_resources/documents/Resultats_ES.pdf

4   Ver http://www.ub.edu/slc/socio/situacioactualcatala.pdf, página 3, para datos comparados de 2003–2004.

5   http://www.cefe.gva.es/polin/docs/sies_docs/encuesta2010/A4en.pdf

6   http://www20.gencat.cat/docs/Llengcat/Documents/Dades_territori_-poblacio/Altres/Arxius/EULP2008.pdf (Tabla 7.2, p. 140).

muy similar en lo que se refiere al uso del catalán como lengua de enseñanza. Este modelo está orientado a garantizar la cohesión social y evitar que sectores importantes de la población escolar terminen su educación sin un buen dominio del catalán, uno de los idiomas oficiales. Se ha contado con el apoyo—desde hace mucho tiempo (más de 20 años)—de la gran mayoría de los diputados presentes en el Parlamento catalán, así como los comentarios elogiosos por parte del comité de expertos encargado de vigilar la aplicación de la Carta Europea de las Lenguas Regionales o Minoritarias. Así, en su informe de fecha 21 de septiembre de 2005, declaró que:

> "... el Comité de Expertos observa que este sistema apunta a una admirable inversión de la tendencia: una lengua regional/minoritaria que seguía oprimida hace apenas treinta años se ha convertido en la lengua de oficio del sistema educativo en su territorio tradicional, y en la primera lengua de enseñanza para la mayor parte de la última generación de jóvenes que han sido educados en Cataluña. Esta evolución es sumamente excepcional en la historia de Europa y confirma el interés especial de España en este ámbito"[7].

Sería de esperar, por lo tanto, que cualquier iniciativa legal destinada a mejorar la calidad fomentara la generalización del modelo de mayor éxito. Sin embargo, en estas regiones hay algunos padres que no quieren que sus hijos sean educados principalmente en la lengua territorial (aunque sea a costa de la equidad en términos de resultados). Han llevado el asunto a los tribunales en varias ocasiones, exigiendo más que la educación inicial en castellano, que las leyes de Cataluña han permitido desde 1983. Las protestas airadas de algunas de estas familias en Cataluña, por lo general no de lejano origen catalán, han sido tomadas en cuenta por el gobierno conservador español—que se considera ampliamente en Cataluña y el País Vasco como un partido nacionalista español—que acaba de causar un revuelo público, al menos en estas dos regiones, al proponer un proyecto de ley[8] que rompería de hecho el modelo actual y relegaría el catalán (y el vasco y el gallego) al estatus, en términos de evaluación, de idiomas extranjeros.

---

7   http://www.coe.int/t/dg4/education/minlang/Report/EvaluationReports/SpainECRML1_es.pdf, párrafo 208

8   http://www.fe.ccoo.es/comunes/recursos/25/1443884-Ver_texto_del_Anteproyecto.pdf

Viniendo detrás de las elecciones catalanas, en las que los partidos independentistas ganaron una mayoría absoluta y el partido conservador español terminó en una triste cuarta posición, el proyecto de ley (que hace varias referencias claras al caso catalán sin llegar a citarlo) se considera, en amplios sectores, como una nueva provocación y una nueva muestra de la política de recentralización del poder en Madrid.

¿Qué pasó el 25N?

Pau Canaleta

Consultor en comunicación política, institucional y empresarial. Responsable de estrategia en varias instituciones y gobiernos. Profesor de comunicación en distintas universidades y ponente en seminarios, jornadas y congresos sobre marketing, campañas electorales, branding y storytelling. Autor de tres libros sobre comunicación: La estrategia electoral *y* Explícate con una historia *(UOC) y* 100 días, 1 imagen *(Editorial Episteme). Licenciado en historia, máster en marketing político y diplomado en estudios europeos.*

El domingo 25 de noviembre de 2012 se celebraron las elecciones más importantes de la historia reciente de Cataluña. La alta participación conseguida —69,54%—así lo confirma.

Eran unas elecciones importantes. Por primera vez, el conjunto del nacionalismo catalán—la fuerza motor de la política catalana—optaba por emprender un camino rupturista. Nunca hasta ahora se había optado por la separación en la relación entre Cataluña y el resto de España.

No es casual que haya sido este momento cuando buena parte de la sociedad catalana haya optado por esta opción. La incomprensión de España hacia la personalidad catalana, el expolio fiscal, la crisis económica y, sobre todo, la sentencia del Estatuto han hecho que poco a poco, pero con una rapidez sorprendente, haya habido un desplazamiento dentro del espacio político nacionalista, del nacionalismo al soberanismo, y de este, al independentismo.

No ha sido, pues, un proceso liderado por los partidos políticos, sino que ha sido la sociedad la que ha encabezado este desplazamiento. Así pues, los partidos han ido a remolque de un movimiento independentista transversal que amenazaba con transformar el sistema de partidos tradicional de Cataluña que ha funcionado desde la transición.

La manifestación del 11 de septiembre de 2012, en la que una multitud inundó Barcelona de modo nunca visto al grito de independencia, fue la prueba más evidente y visual de este cambio político.

Una manifestación que hizo temblar a las cúpulas de los partidos por la enorme cantidad de personas movilizadas, por el mensaje inequívoco que las unía y por la transversalidad de los manifestantes.

Desde el cambio que evidenciaba el éxito de la manifestación y ante las inmensas evidencias—encuestas, movimientos y pronunciamientos entre el tejido cultural, asociativo y empresarial, etc.—que se acumulaban, era evidente que ello no era un cambio coyuntural, sino que era algo estructural a lo que los partidos políticos tenían que saber dar respuesta, para poder canalizarlo con éxito. Si no, una parte importante de la sociedad les pasaría por encima.

En medio de este contexto, el 20 de septiembre estaba convocada en la Moncloa, la sede del presidente del Gobierno español, la primera reunión entre el presidente de Cataluña y el presidente de España. Era la primera recepción oficial al presidente catalán desde la victoria de Mariano Rajoy el 20 de noviembre de 2011.

Artur Mas fue a Madrid a reclamar su principal promesa electoral con la que ganó claramente las elecciones de 2010: un pacto fiscal más justo para Cataluña que reduzca el expolio fiscal y que alivie la caja de la Generalitat, pero, sobre todo, la presión fiscal y económica que sufre Cataluña. Una problemática que se ha hecho mucho más evidente con la actual crisis económica.

Mas sabía que iba con el aval de la mayoría de la sociedad catalana y que ésta estaba muy pendiente del resultado de esta reunión. Después del gesto de fuerza mostrado por el nacionalismo, Artur Mas no podía volver a Cataluña sin conseguir ninguna de les demandas expresadas en la calle. Si no, se vería obligado a elevar el tono e intentar liderar el clamor popular.

Y así fue. Después del portazo del presidente Rajoy, Artur Mas disolvió el Parlamento y convocó elecciones para el 25 de noviembre de 2012.

La transición nacional estaba en marcha y ahora, el pueblo de Cataluña tenía la posibilidad de decidir, de aclarar cuál era su voluntad y, por lo tanto, tenía que ser más claro en el momento de exponer qué camino tenía que emprender el país.

En este contexto se fue a unes elecciones que se definieron como plebiscitarias debido al liderazgo que asumió el presidente Mas y a su demanda de conseguir una mayoría fuerte para poder iniciar el proceso de emancipación nacional.

¿Qué pasó, pues, el domingo 25 de noviembre de 2012?

El resultado sorprendió a todos. Convergència i Unió, el partido del presidente Mas, partido hegemónico en las elecciones catalanas, volvió a ganar las elecciones. No obstante, sufrió un importante retroceso en el número de diputados pasando de 62 a 50 (la mayoría absoluta se sitúa en los 68 diputados) y también en número de votos, perdiendo 90.000 pese al incremento de la participación respecto a las últimas elecciones—casi 10 puntos porcentuales.

El tradicionalmente principal partido de la oposición, el PSC sufrió un retroceso importante, que se tradujo en una pérdida de 8 escaños y de la segunda posición en la cámara.

ERC, el partido independentista catalán, obtuvo unos grandes resultados, más que doblando sus diputados, pasando de 11 a 21 y convirtiéndose en el segundo partido del Parlamento y consiguiendo la clave de la gobernabilidad del país.

El PP, el partido del presidente Rajoy, incrementó poco su representación con un diputado más, convirtiéndose en la cuarta fuerza en el Parlamento de Cataluña, justo cuando en España disfruta de una cómoda mayoría absoluta.

Los ecosocialistas de ICV tuvieron unos buenos resultados al aumentar en tres diputados básicamente a costa del partido socialista. Sin embargo, este incremento tampoco les facilita tener más capacidad de maniobra en un Parlamento tan fraccionado.

Las otras sorpresas de la noche electoral del 25 de noviembre fueron Ciudadanos (C's) y la Candidatura d'Unitat Popular (CUP).

El primero, con un discurso claramente españolista y muy crítico con la clase política actual, triplicó resultados hasta el punto de obtener 9 diputados y conseguir grupo propio en el Parlamento. El discurso españolista y su amplificación en los medios de comunicación españoles han hecho que C's se convirtiera, sin ningún género de duda, en uno de los ganadores de estas elecciones al recoger buena parte del voto españolista y crítico con la denominada "clase política".

La aparición de la CUP con tres diputados, fue otra de las novedades de estas elecciones. Con un discurso independentista, revolucionario y claramente antisistema, supo atraer a votantes independentistas, así como a nuevos votantes muy críticos con el sistema actual.

Parece evidente que la principal novedad que nos trajo el 25N es la importante participación electoral, muy superior a la habitual en las convocatorias catalanas (alrededor del 60%) y equiparable a cualquier confrontación de ámbito español.

Este hecho se debe a la importancia de estas elecciones, que fueron percibidas por los electores como trascendentes y, sobre todo, al importante seguimiento mediático que tuvo esta campaña electoral, inusual en todos los sentidos. No tanto por la cobertura de los medios catalanes, que fue similar a la de otras confrontaciones electorales, sino por el seguimiento de los medios de comunicación españoles que, por su trascendencia, cubrieron estas elecciones como si fueran "nacionales".

Ello favoreció la creación del "clima electoral" necesario sobre todo entre los votantes que sólo se informan a través de medios españoles.

Así podemos afirmar que en estas elecciones votaron tanto los partidarios de la independencia como los contrarios a ésta, pasando por los partidarios de los diferentes grados de vinculación entre Cataluña y España.

Dentro del ámbito soberanista hubo un desplazamiento de votantes de CiU a ERC—un hecho habitual desde el pacto CiU-PP de 2000 y que parece confirmarse—provocado seguramente por los recortes que ha tenido que aplicar el gobierno Mas durante los dos años de la legislatura y que han sido los más duros de todo el Estado español. Este hecho, unido a la percepción—provocada por las encuestas y la campaña—de que el presidente Mas estaba muy cerca de la mayoría absoluta y la autenticidad del mensaje independentista del candidato de ERC, Oriol Junqueras, movió a buena parte del votante que oscila entre ambas formaciones, en beneficio de esta segunda opción.

En el área metropolitana de Barcelona, zona donde se sitúa la concentración de población más grande de Cataluña y siendo buena parte de esta descendiente de personas llegadas del resto de España y, por lo tanto, votante tradicional de partidos de ámbito español (PSC y PP) CiU sufrió una caída importante. En esta ocasión, perdió buena parte del "voto prestado" que obtuvo en 2010 para acabar con el gobierno de izquierdas que gobernó Cataluña de 2003 a 2010. Se trata, pues, de votantes que no estaban de acuerdo con el camino independentista que había emprendido CiU después del 11 de septiembre. Muchos de estos votantes se repartieron entre otras opciones no nacionalistas: C's, PP y PSC.

El Partido de los Socialistas de Cataluña cayó considerablemente debido a la dinámica de los partidos socialistas a nivel europeo y a la crisis de relato y liderazgo que sufre a nivel catalán. Aun así, sacó unos resultados mejores de los esperados debido al aumento de la participación en las zonas tradicionalmente "socialistas". A pesar de ello, el resultado es desolador teniendo en cuenta el papel de alternativa que había jugado históricamente.

El resto de partidos obtuvieron los resultados más o menos esperados y que ya anunciaban las encuestas.

La principal novedad es, pues, el mantenimiento del peso y por lo tanto la ventaja del bloque "soberanista" a pesar del aumento de la participación. Siempre se había considerado que una participación en clave "elecciones españolas" favorecería a los partidos mal denominados "unionistas", pero se ha comprobado que no. La ventaja soberanista se mantuvo clara y sólida aunque hubiera una alta participación electoral. Sin embargo, también es cierto que es la CUP la que hace mantener esta ventaja ya que incorpora al independentismo una parte considerable de los 500.000 nuevos votantes. Entre estos nuevos votantes que no acostumbran a votar en las elecciones catalanas y que en esta ocasión lo hicieron, los partidarios de continuar perteneciendo a España son mayoría, aunque la distancia se reduce gracias a los votantes incorporados por la CUP.

Nos encontramos, pues, ante un Parlamento complejo en el que la voluntad del pueblo no ha sido tan clara como se creía. Existe una mayoría clara nacionalista a favor de la construcción nacional—primer y segundo partido de la cámara—pero con un liderazgo debilitado. Una mayoría que obliga a entenderse a los dos principales partidos soberanistas y ahora, por primera vez, del país—CiU y ERC—si se quiere avanzar hacia el estado propio.

La política será más importante que nunca. El país ha votado transición nacional, pero con la boca pequeña y sobre todo mostrando una voluntad clara de acuerdos y pactos para conseguirlo. El pactismo, siempre el pactismo.

Estados Unidos ♥ Cataluña: una progresión geométrica

Mary Ann Newman

Escritora y traductora, desde la década de los 80 ha trabajado en el ámbito de la literatura y la cultura catalanas en Estados Unidos. Ha traducido al inglés las novelas y cuentos de Quim Monzó y algunos ensayos de Xavier Rubert de Ventós. En la actualidad está traduciendo Vida Privada *de Josep María de Sagarra. En 1998 le fue concedida la Creu de Sant Jordi.*

La tarde del 23 de febrero de 1981, salí de la Biblioteca de Catalunya para dirigirme como cada día hacia el Bar Almirall y de camino paré en un kiosco para comprar tabaco (... eran los años 80). Allí me enteré horrorizada, a través de la radio, que el Congreso de los Diputados español había sido asaltado. Debió ser una de las últimas informaciones emitidas por la radio ya que poco después sólo había música clásica o militar, por eso pasé la noche escuchando la onda corta de la BBC con un amigo. Estábamos asistiendo a un intento de golpe de estado por parte de la Guardia Civil. A primera hora de la mañana el golpe había fracasado, pero pronto fue evidente que se había producido un movimiento tectónico en el panorama político del país.

Lo que me había llevado hasta Barcelona, en septiembre de 1980, era una beca Fulbright para mi investigación doctoral en literatura catalana. A mediados del semestre, el Agregado Cultural de la embajada de Estados Unidos en Madrid viajó hasta la ciudad para conocer a los becarios Fulbright y nos invitó a comer en un buen restaurante. Eramos doce becarios en Barcelona, pero sólo dos estábamos trabajando en temas específicamente catalanes. Al día siguiente recibí una llamada del Agregado con una propuesta sorprendente: "Nos gustaría apoyar la España de las Autonomías y creo que una forma de hacerlo sería crear programas de intercambios universitarios. ¿Te gustaría ayudarme en Cataluña?".

No me lo pensé. Y parecía que el destino estaba con nosotros. Aquel mismo febrero de 1981, con la llegada a la presidencia de Reagan, John Brademas abandonó la Cámara de Representantes y pasó a ocupar la presidencia de la Universidad de Nueva York (donde yo estaba haciendo mi doctorado). Para mi sorpresa y satisfacción, la tesis que el doctor Brademas había defendido a finales de los 50 trataba sobre los movimientos anarquistas en Cataluña y Andalucía. Cataluña tenía un aliado en las altas instancias de la universidad.

Pero fue entonces, aquel febrero, cuando el teniente coronel Tejero intentó su golpe de estado. Esperé un mes para que las cosas se calmaran y de nuevo volví a entrar en contacto con el Agregado Cultural de la embajada. Cuando mencioné el tema del intercambio universitario entre Estados Unidos y Cataluña, me dijo: "Mary Ann, no es el momento de apoyar la España de las Autonomías. Ahora en España debemos apoyar la democracia."

Sin dudarlo, pensé que debía comentar estos cambios con el director catalán de mi tesis—y también ya mi amigo—el filósofo Xavier Rubert de Ventós, miembro fundador del Institute for the Humanities (creado por Richard Sennet) en la Universidad de Nueva York. Su sorprendente respuesta fue que hablaría con su amigo de la infancia Pasqual Maragall, quien por entonces era teniente de alcalde de Barcelona y que poco después se convertiría en alcalde de la ciudad. Maragall también tenía una larga vinculación con Nueva York, donde había hecho un máster en Económicas en la New School for Social Research. Así fue como el proyecto volvió a nacer, esta vez como un acuerdo entre la Universidad de Barcelona y la de Nueva York, con el apoyo del Ayuntamiento de Barcelona. El presidente Brademas y el rector Badia i Margarit firmaron el acuerdo en diciembre de 1982. La cátedra Barcelona-Nueva York nacía en septiembre de 1983 y yo ocupé un lugar como observadora privilegiada de la cultura catalana en Estados Unidos.

En aquellos días el conocimiento sobre Cataluña y su cultura era muy minoritario. Junto a académicos como Brademas o historiadores como Robert Burns y Paul Freedman, había historiadores del arte como Edward Sullivan y Robert Lubar, quien iniciaba entonces su brillante carrera (que le llevó a aprender catalán a la perfección gracias al programa *Catalan Studies* y culminó con su tesis sobre Joan Miró). También había unos entusiastas profesores de Estudios Hispánicos que habían fundado la North American Catalan Society (¡en 1978!) y difundieron la lengua y literatura catalanas desde sus aulas. Y por supuesto algunos amantes de la ópera y la música clásica, que seguían las carreras artísticas de Montserrat Caballé, Joan Pons, Josep Carreras, Alicia de Larrocha y Victoria de los Ángeles. La cultura catalana era alta cultura, un terreno para unos pocos elegidos.

Sin embargo, para la mayoría de la gente no era importante si aquellos artistas eran españoles o catalanes. Eran los años en que los "catalanes universales"—Casals, Dalí, Caballé, Gaudí y muchos otros—eran reivindicados desde Cataluña, pero quedaban ocultos tras el adjetivo "español" en los museos y las salas de conciertos norteamericanos. De hecho, eran grandes figuras universales, y no se pensaba en ellos como catalanes.

Poco a poco las cosas fueron cambiando y con el tiempo se empezaron a ver algunos indicios. Las olimpiadas de 1992 en Barcelona centraron la atención sobre la bella capital catalana, aunque no en la misma medida sobre Cataluña. Se iniciaron los vuelos sin escala entre Nueva York y Barcelona, al mismo tiempo que la ciudad se convertía en punto estratégico para los cruceros por el Mediterráneo, y en las guías de viaje o en conferencias se hablaba de su especificidad cultural.

Entre tanto, una nueva generación de intelectuales se hacía cargo de las instituciones culturales en Estados Unidos. Una vez pregunté a Richard Peña, director de la Lincoln Center Film Society, por qué había decidido en 2006 organizar una retrospectiva sobre el cine catalán en el siglo XX. Y me respondió: "Siempre me han interesado las historias que permanecen ocultas bajo la historia oficial." Esta sensibilidad por temas culturales, que no se habían explorado hasta entonces, encontró apoyo en instituciones culturales catalanas de nueva creación, como el Institut Català d'Indústries Culturals y el Institut Ramon Llull (fundados en el 2000 y 2002 respectivamente), al tiempo que algunos jóvenes discípulos de renombrados profesores tomaban el timón de las instituciones culturales catalanas.

Pero también había quien hacía una labor más silenciosa. William Robinson, por ejemplo, conservador de arte moderno europeo en el museo de Cleveland viajó a Barcelona para estudiar una pintura de la época azul de Picasso y descubrió que tras ella se ocultaba toda una tradición artística. Quedó tan cautivado por los desconocidos tesoros del arte catalán que pasó los siete años siguientes preparando la exposición "Barcelona y modernidad: de Gaudí a Dalí", que se inauguró en el museo de Cleveland en 2006 y al año siguiente en el Metropolitan Museum de Nueva York, donde tuvo 475.000 visitantes.

El conocimiento sobre Cataluña iba en aumento, pero todavía era para unos pocos elegidos. El siguiente campo en atraer a los norteamericanos no iba a ser el arte, ni la música (donde destacaban Jordi Savall y Montserrat Figueras), sino la comida. La cocina catalana irrumpió en la conciencia americana en 2003, cuando Ferran Adrià ocupó la portada en el dominical del *New York Times Magazine*. Desde entonces, ningún articulista que se preciara podía hablar sobre tendencias gastronómicas sin mencionar a Adrià y la cocina catalana. Por eso destacados escritores como Francine Prose viajaron hasta Cadaqués, Pals y Empúries (la antigua colonia griega en la Costa Brava) para hablar de su experiencia viajera y de la comida.

Aun así, se trataba de alta cultura y alta cocina, pero el siguiente objetivo ya estaba cerca: los atletas catalanes aparecían en el radar norteamericano. El mallorquín Rafael Nadal se hacía cada vez más famoso en el circuito tenístico. Pau Gasol fue el primero en el baloncesto, primero con los Grizzlies y más tarde con los Lakers. Y le seguirían al poco tiempo su hermano Marc y más tarde Ricky Rubio.

Por desgracia, los americanos aficionados al deporte parecían impermeables al fútbol, en el que Cataluña tenía una larga tradición. Pero esto también cambió con el Mundial de 2010. La fiebre del fútbol arraigó. En la costa este de Estados Unidos los bares abrían a las 8 de la mañana y ofrecían desayunos para que sus clientes pudieran ver los partidos. Poco a poco España avanzó en el campeonato hasta llegar a ganar el título mundial, y para los periodistas deportivos norteamericanos no pasó inadvertido que ocho de aquellos once jugadores se habían formado en La Masia, es decir en el Futbol Club Barcelona: el Barça. (Mientras escribo estas líneas, el conocido programa de televisión 60 minutes dedica un amplio reportaje al Barça. ¿Quién lo iba a imaginar?).

La cultura catalana, en su sentido más amplio, tenía por fin su reconocimiento. Y entonces llegó la sorpresa. Cataluña se convirtió en noticia de primera página, ya no estaba relegada a los suplementos de cultura o deportes. La crisis de la deuda española obligó a los periodistas norteamericanos a investigar para entender por qué aumentaba la tensión entre el gobierno catalán y el español. Cataluña se había convertido en noticia importante.

Durante años, muchas personas relacionadas con Cataluña habían comprobado con preocupación que los periodistas norteamericanos solían informar de estos temas desde una perspectiva española, no catalana. Por ello se decidieron a formar un grupo que contrarrestara ese desequilibrio: el Col·lectiu Emma. Este importante colectivo de economistas y profesionales trabaja de forma proactiva hacia los periodistas, señalando los errores o las informaciones imprecisas, ofreciendo estadísticas, datos, y mostrando los hechos desde una perspectiva catalana.

Así que el terreno estaba abonado. La "crisis", paradójicamente, había contribuido positivamente a la presencia catalana en los medios. Ahora, día tras día, el *New York Times*, el *Chicago Tribune*, *L.A. Times*, el *Wall Street Journal*, la CNN, Bloomberg, ABC.com y tantos otros ofrecen artículos inteligentes e imparciales sobre la situación catalana.

Para culminar, el 11 de septiembre, día nacional de Cataluña, tuvo lugar una manifestación multitudinaria—un millón y medio de personas en un país de siete millones de habitantes—a favor del derecho de los catalanes a decidir su futura relación con España. Aquella emocionante y pacífica expresión de sentimiento democrático, inundada de banderas catalanas, captó la atención de la prensa norteamericana (no así de la prensa española, que enterró la información al final de los informativos y falseó las cifras). La crisis ya no es sólo una crisis: se ha convertido en una *causa*.

Una causa que no es difícil de entender para los norteamericanos, con nuestra propia historia de separaciones y de derechos civiles y culturales. Después de treinta años observando desde una posición privilegiada—lo que me convierte en una veterana catalana—es gratificante pensar que ahora no todas las conversaciones empezarán desde cero con la explicación de que Cataluña es una región de España con su propia lengua y literatura. Por fin, podemos ir directos al grano.

La viabilidad de Cataluña como estado

Núria Bosch

Licenciada y doctora en Ciencias Económicas y Empresariales por la Universidad de Barcelona. Actualmente es Catedrática de Hacienda Pública de esta universidad, directora de la Cátedra de Federalismo Fiscal del Institut d'Economia de Barcelona (IEB) y codirectora del Programa de Investigación de Federalismo Fiscal en dicho instituto. Está especializada en temas de federalismo fiscal, hacienda autonómica y local, y análisis de eficiencia en el sector público. Ha publicado libros y artículos en revistas especializadas nacionales e internacionales.

Cataluña sufre un significativo drenaje fiscal con España en forma de un gran déficit fiscal. Éste es la diferencia entre el gasto del gobierno central en Cataluña y los recursos extraídos de esta comunidad, principalmente a través de impuestos, por el gobierno central.

Hay datos disponibles del déficit fiscal, todos calculados utilizando la misma metodología, desde 1986 hasta 2009 (Cuadro 1). La media para 1986-2009 es del 8% del PIB, con una desviación estándar en relación a esta media de sólo el 0'9. Por lo tanto, se puede hablar de un déficit fiscal estructural que afecta a la economía catalana recurrentemente.

Cuadro 1: Déficit fiscal de Cataluña

	Millones de euros	% del PIB catalán		Millones de euros	% del PIB catalán
1986	− 2.465	− 6,7	1998	− 6.813	− 6,7
1987	− 2.868	− 6,9	1999	− 8.124	− 7,4
1988	− 3.466	− 7,4	2000	− 8.532	− 7,2
1989	− 4.056	− 7,6	2001	− 8.565	− 6,7
1990	− 4.867	− 8,2	2002	− 13.696	− 10,0
1991	− 5.174	− 7,9	2003	− 13.036	− 8,9
1992	− 5.988	− 8,5	2004	− 13.595	− 8,6
1993	− 7.263	− 10,0	2005	− 14.186	− 8,3
1994	− 6.732	− 8,7	2006	− 14.493	− 7,9
1995	− 6.416	− 7,6	2007	− 15.913	− 8,1
1996	− 7.088	− 7,8	2008	− 17.200	− 8,5
1997	− 7.018	− 7,3	2009	− 16.409	− 8,4
Media 1986–2009		− 8,0			
Desviación estándar 1986–2009		0,9			

Fuente: Generalitat de Catalunya

Otra manera de entender este drenaje fiscal es considerar el hecho de que Cataluña aporta el 19'5% de los ingresos del gobierno central a través de los impuestos y sólo recibe el 14% del gasto del gobierno central, ya sea en inversión o a través de otros servicios públicos. Estos porcentajes son también la media del período 1986-2009 y se mantienen constantes a lo largo de estos años.

Además, podemos observar que si bien el déficit fiscal en términos del PIB se mantiene más o menos constante a lo largo del tiempo, no es constante en términos de euros por habitante y una vez el efecto de la inflación se ha eliminado.

Entre 1986 y 2009, el déficit fiscal anual por catalán ha pasado de 1.076 a 2.251 euros. Esto se debe a que los ingresos de Cataluña han crecido en términos reales durante este período.

Este drenaje fiscal es un obstáculo importante para la economía catalana. Las consecuencias son que desalienta el crecimiento y reduce el bienestar de los catalanes. El gobierno central español se ha negado históricamente a corregir el problema. Cataluña a menudo ha tratado de negociar un mejor tratamiento fiscal por parte del gobierno central, pero hasta la fecha no ha tenido ningún éxito.

Recientemente he analizado, conjuntamente con mi colega Marta Espasa, los ingresos adicionales que Cataluña tendría si fuera un país independiente y también los costes adicionales que la independencia produciría. El análisis abarca el período 2006-2009. Nos preguntamos qué hubiera pasado en ese plazo si Cataluña ya hubiera sido un estado independiente. Hacemos dos supuestos: primero, mantenemos el nivel de tributación de estos años, y segundo, también mantenemos el nivel de gasto público y de servicios públicos.

El análisis de este período es particularmente interesante porque si bien 2006 y 2007 fueron todavía años de bonanza económica, 2008 y, particularmente, 2009 fueron años en que la crisis impactó de manera significativa en las finanzas públicas.

Cataluña como estado independiente habría recibido unos ingresos adicionales de unos 49.000 millones de euros, siendo esta cantidad la media del período 2006-09. Estos ingresos proceden de los impuestos que los catalanes pagamos ahora al gobierno central español. También debo mencionar que las actuales transferencias de recursos del gobierno central español al gobierno catalán se han restado, ya que estas transferencias desaparecerían con la secesión.

Por otro lado, una Cataluña independiente debería asumir nuevas competencias, lo que supondría un mayor gasto público. Una de los más importantes sería el coste de la seguridad social (pensiones y pagos por desempleo). También debería asumir competencias propias de un estado, como asuntos exteriores (embajadas), o las transferencias de recursos que el Gobierno español hace ahora a los gobiernos locales. Según nuestros cálculos, los costes adicionales representarían unos 35.000 millones de euros al año, siendo esta cifra la media del período analizado.

Por tanto, la ganancia anual en ingresos que Cataluña habría recibido como un estado independiente habría sido de unos 14.000 millones de euros, lo que representa el 7'1% del PIB catalán. Estos recursos podrían haberse utilizado para aumentar el nivel y la calidad de los servicios públicos, reducir los impuestos y/o reducir el actual déficit presupuestario del gobierno catalán.

En conclusión, la viabilidad de Cataluña para financiarse como un estado independiente es indiscutible. Sin embargo, las razones de Cataluña para pedir la secesión no son sólo económicas. Existen otras importantes razones para la independencia, como los continuos ataques del gobierno español a la cultura y la lengua de Cataluña. Por tanto, la única solución es la secesión de Cataluña de España. Esperemos que no tengamos que esperar mucho tiempo para ver a Cataluña como un estado independiente.

El modelo
empresarial catalán

Joan Canadell

Secretario general del Cercle Català de Negocis

Desde hace siglos, Cataluña ha sido un territorio industrialmente dinámico, y por ello ha ido acompañado de modernidad y desarrollo. El comercio del Mediterráneo ha sido siempre muy intenso gracias al corredor comercial, tanto entre las riberas mediterráneas como a lo largo de toda la costa europea. Ya en el siglo XIII, la nación catalana experimentó momentos de brillante esplendor comercial, que fueron acompañados de un desarrollo astuto de la industria de la época, y que culminaron en el siglo XVIII con la Revolución Industrial hecha sin carbón, pero que en cambio utilizaba de forma innovadora y muy eficaz la fuerza motriz de los ríos para dar lugar a numerosas industrias por toda la geografía catalana.

Durante el siglo XX, Cataluña ha sido reconocida como la fábrica de España, pero de hecho podemos constatar que la nación catalana ha sido siempre el eje empresarial-industrial alrededor del cual ha prosperado lo que conocemos hoy en día como España. Ésta es nuestra tradición, lo hemos heredado de nuestros padres, abuelos y demás generaciones. Vengamos de donde vengamos, dadas las numerosas oleadas migratorias, ésta es una tierra de empresarios y comerciantes a menudo creativos e innovadores.

Ha sido solamente en los últimos 15–20 años que Cataluña ha perdido parte de su liderazgo empresarial a favor de otras comunidades autónomas, sobre todo de Madrid, gracias a la apuesta continuada, desigual e injusta del Gobierno español hacia un modelo centralizado, no sólo administrativamente, sino también económicamente. Sólo hace falta citar algunos ejemplos como la radialidad de las redes del AVE y de autovías, la potenciación artificial de la terminal T4 de Barajas, o la deslocalización de sedes de multinacionales cerca del poder estatal madrileño.

El modelo económico español desde los años 90 se ha basado en potenciar grandes empresas, en muchos casos privatizadas, pero dirigidas por "amigos" de los poderes políticos, todas ellas centralizadas en Madrid y a las que se ha hecho crecer apoyadas por un estado que no ha exigido en ningún caso la competitividad de esas empresas, sino el control político. Éstas son las empresas que han crecido con grandes beneficios derivados de las enormes inversiones en obra pública efectuadas, sin ninguna planificación económica razonada en muchos casos, dando lugar a la enorme deuda pública acumulada. Aeropuertos sin aviones, autovías sin coches y trenes de alta velocidad sin pasajeros son la herencia de este modelo que sólo ha beneficiado a grandes constructoras, bancos, empresas de servicios y toda la derivada política que ha obtenido rendimientos indirectos, fruto de los grandes beneficios empresariales.

Éste es el modelo económico español, nada que ver con el tradicional modelo catalán de pequeñas y medianas empresas (representan el 99% del tejido empresarial). También tenemos algunas empresas grandes, líderes en muchos sectores productivos como alimentación, farmacéutico, metalúrgico, automóvil, químico, servicios, turismo y tantos otros. Podemos decir sin miedo a equivocarnos que Cataluña es una de las regiones industriales más variadas del sur de Europa. Las cifras hablan por sí mismas: Cataluña tiene el 6% de la superficie del Estado español, tiene el 16% de la población, el 20% de las exportaciones y el 31% de las de valor tecnológico medio y alto.

Pero además Cataluña es un líder claro en turismo, el primer puerto de cruceros de Europa y el quinto del mundo; tiene una marca mundialmente reconocida como Barcelona, con la herencia de unos Juegos Olímpicos modélicos; un arte modernista claramente reconocido con Antoni Gaudí al frente; pintores de renombre como Dalí, Miró y Picasso; cocineros de referencia mundial como Ferran Adrià y Carme Ruscalleda y el sin duda mejor equipo de fútbol de la historia, reconocido por su modelo de juego, que ha revolucionado este deporte.

El modelo catalán no tiene nada que ver, por lo tanto, con el modelo español o del Gran Madrid. Cualquier analista estratégico vería claro que para desarrollar estos dos modelos hacen falta estrategias muy diferentes. Es obvio: España no tiene un problema, sino que tiene como mínimo *dos* problemas. Por una parte el de las regiones económicas dinámicas como Cataluña, con PIMEs estructuradas y creativas que requieren soporte para que puedan focalizar I+D+i para internacionalizarse todavía más y continuar desarrollándose. Por otra parte el de las regiones poco industrializadas históricamente, que han crecido artificialmente en los últimos años, fruto de un modelo que no se sustenta sin una fuerte inyección de crédito externo.

Dado que el modelo económico y empresarial catalán no puede de ninguna forma compartir soluciones con el modelo español, la conclusión es bien sencilla: necesitamos defender nuestro propio modelo, potenciarlo e internacionalizarlo todavía más de lo que ya hemos conseguido. Y esto sólo será posible con el apoyo de un estado. Nuestro propio estado catalán.

La CUP, los independentistas más nuevos y más antiguos

Roger Buch i Ros

Roger Buch i Ros es Doctor en Ciencias Políticas por la Universidad Autónoma de Barcelona. Es experto en la historia y actualidad de los partidos políticos independentistas. Actualmente es profesor en la Universidad Ramon Llull. Ha escrito los libros L'esquerra independentista avui *(Columna, 2007) y* L'herència del PSAN *(Editorial Base, 2012)*

El pasado 25 de noviembre de 2012 se celebraron elecciones al Parlamento de Cataluña, marcadas por un ambiente de efervescencia independentista. Un partido que se presentaba por primera vez en este tipo de elecciones conseguía 3 diputados: la Candidatura d'Unitat Popular (CUP). Los independentistas más nuevos cuentan con el apoyo de los más jóvenes, pero son paradójicamente también los más antiguos. Hagamos un poco de historia.

A finales de la década de los 70 del siglo pasado, una vez acabada la dictadura del general Franco, Cataluña estrenaba autonomía política ante la euforia de la sociedad catalana y la mayoría de partidos políticos. Algunos pequeños grupos políticos, sin embargo, denunciaron entonces la autonomía y reivindicaron la independencia de los Países Catalanes. Eran revolucionarios que simpatizaban con las luchas de descolonización que se habían realizado pocos años antes en países de todo el mundo. Estos independentistas eran pocos y eran vistos con cierta perplejidad por el conjunto del movimiento catalanista, satisfecho de estrenar autonomía política después de años de represión franquista y de prohibición de la lengua catalana.

Estos pequeños grupos defendían la independencia, los Países Catalanes y el socialismo. Se posicionaron contra las nuevas leyes, la Constitución Española (1978) y el Estatuto de Autonomía de Cataluña (1979) que regulaba la autonomía catalana. Pedían la creación de un estado catalán y eran partidarios de los Países Catalanes, es decir, reivindicaban el conjunto de territorios donde se habla el catalán como sujetos del futuro estado catalán. No sólo Cataluña, sino también el País Valenciano, las Islas Baleares y la Cataluña Norte, que forma parte de Francia. Finalmente, en la vertiente económica, se declaraban partidarios de un estado socialista que propugna una sociedad igualitaria.

Durante los 30 años que van desde entonces hasta ahora, este espacio radical de izquierda independentista ha vivido grandes cambios y mutaciones. Por un lado ha habido una sucesión de micropartidos y organizaciones que han sufrido las habituales escisiones de todos los movimientos extraparlamentarios. Se han situado en la periferia del sistema político, llegando en algunos momentos (años 80) a impulsar enfrentamientos callejeros contra la policía española o incluso a apoyar a grupos de propaganda armados. Este espacio político fue incapaz durante muchos años de plantear una alternativa política y terminó siendo esencialmente un movimiento de agitación juvenil especializado en realizar acciones propagandísticas en la calle. Mientras la izquierda independentista tenía una alta capacidad de atraer jóvenes debido a su imagen de radicalidad, muchos de los independentistas cuando llegaban a la edad adulta preferían pasarse a partidos más moderados como ERC o ICV.

Con los años este espacio de izquierda independentista empezó a rehacerse y se consolidaron una serie de organizaciones, siempre a partir de la entrada de militantes jóvenes. Actualmente hay grupos como Endavant-OSAN, MDT, la organización juvenil Arran o el Sindicat d'Estudiants dels Països Catalans (SEPC) con una presencia importante en diferentes universidades. También hay que situar en este espacio político numerosos *casals* independentistas, espacios de encuentro político para jóvenes muy activos en la realización de debates, campañas y agitación. Finalmente, tras la larguísima travesía del desierto, la resurrección del independentismo histórico vino de la mano de las siglas CUP, que se utilizaban para presentarse a las elecciones municipales.

La CUP llevaba años presentando algunas candidaturas en las elecciones municipales y consiguiendo un pequeño número de concejales. A partir de 2003 empezaron a obtener buenos resultados, que se fueron incrementando de manera importante en 2007 y sobre todo en 2011 cuando consiguieron 100 concejales municipales, muchos de ellos en ciudades importantes como Reus, Girona, Sabadell, Mataró, Vilanova i la Geltrú, Vilafranca del Penedès, Manresa o Vic.

A finales de octubre de 2012, en plena euforia compartida con los otros partidos independentistas debido a la masiva manifestación del 11 de septiembre (Día Nacional de Cataluña), la CUP decide por primera vez presentarse a las elecciones al Parlamento de Cataluña y dejar de ser una candidatura exclusivamente municipal. Lo decidieron en una asamblea abierta, pocos días antes de cerrarse el plazo para presentar las listas, ya que las elecciones se convocaron anticipadamente y había muy poco tiempo.

La CUP presentó como cabeza de lista por la circunscripción de Barcelona al periodista David Fernández, bastante conocido en el ámbito de los movimientos sociales alternativos de Barcelona. Los lemas de la campaña electoral fueron "És l'hora del poble" (Es la hora del pueblo) y "Ho volem tot" (Lo queremos todo) añadiendo en segundo término los tres conceptos clásicos del movimiento: "Independencia, Socialisme, Països Catalans". Se referían a la "independencia total", no sólo respecto a España, sino también respecto a los mercados económicos.

La CUP hizo una campaña electoral con un presupuesto limitado y sustentada con el voluntarismo de los militantes. Puso más acento en la reivindicación social que en el independentismo. Éste se daba por supuesto ya que ¿quién era más independentista que ellos, que ya lo eran hace más de 30 años? Es representativo de la campaña electoral el éxito que tuvo el vídeo #somunitatpopular (somos unidad popular) que fue el más compartido de toda la campaña electoral catalana en las redes sociales. En ese vídeo aparecen imágenes de varios movimientos de protesta: contra los desahucios de viviendas, contra los excesos policiales, contra los recortes de los servicios públicos debido a la crisis económica o por la defensa de los derechos de los inmigrantes. Siempre buscando complicidades con los movimientos alternativos situados en la izquierda radical. Cabe recordar que Barcelona y sus alrededores han sido en los últimos años un importante vivero de movimientos sociales alternativos. Por un lado el movimiento altermundialista (antiglobalización) a principios de los años 2000 y en los últimos tiempos también del movimiento de los "indignados". Este último es conocido también como el "15M", por la fecha del 15 de mayo de 2011 cuando se llenaron las plazas de las principales ciudades españolas como Madrid y Barcelona con las protestas que exigían otra manera de hacer política más cercana a la gente. Fue un movimiento de crítica durísima al sistema de democracia representativa, donde miles de jóvenes acusaron al conjunto de la clase política de aprovecharse de sus cargos para lucrarse en medio de la creciente crisis económica y pidieron una nueva relación con la ciudadanía.

La CUP, pues, se centra en una campaña muy dirigida a buscar los votos de esta izquierda alternativa difusa, muchos miembros de la cual no asumen explícitamente la reivindicación independentista.

Llegó el 25 de noviembre y la CUP dio la sorpresa entrando en el Parlamento catalán con más de 125.000 votos (3,5% sobre votantes). Logró 3 diputados por la demarcación de Barcelona y por pocos votos no logró representación en la circunscripción de Girona. A diferencia de otras organizaciones independentistas, que concentraban su voto en las áreas rurales, la CUP también obtuvo buenos porcentajes en el área metropolitana de Barcelona, con menos tradición independentista, lo que reafirma la tesis de que logró arrastrar parte del voto "indignado".

Según los analistas electorales, muchos de los votos de la CUP provinieron de antiguos abstencionistas. Lo más destacado es que los partidos ideológicamente más cercanos a la CUP, ICV (ecosocialista y partidaria del derecho a decidir) y ERC (independentistas de izquierda moderada) también aumentaron resultados. Se dio el caso de que la suma de los tres partidos (3, 13 y 21 diputados) superaba por primera vez el resultado del que hasta ese momento había sido el principal partido de izquierda de Cataluña: el PSC, vinculado al PSOE y partidario de mantener la relación con España.

La CUP es heredera de los independentistas antiguos, los históricos, pero hoy el independentismo no es su señal identificativa más importante, ya que a diferencia de hace 30 años, otros muchos partidos se declaran también independentistas. Su marca diferencial tiene más relación con una nueva manera de hacer política. Representan un fenómeno más cercano a la revolución de formas que significaron los *Grünen* (Verdes) en Alemania a principios de los 80, o en la actualidad al Partido Pirata en algunos países europeos como Suecia, o incluso a movimientos de protesta como *Occupy Wall Street* (OWS) en Estados Unidos: Democracia radical, defensa del asambleísmo y crítica a la clase política tradicional.

El día de la constitución del Parlamento catalán los tres diputados de la CUP hicieron notar con varios símbolos que una nueva manera de entender la representación política era posible. Una revolución en las formas con el objetivo de acercar la política a los ciudadanos. Se espera de ellos una oposición frontal al nuevo gobierno de CiU (soberanistas de centro-derecha). La oposición será en todos los temas menos en uno; el de la consulta independentista, donde previsiblemente (aunque se mostrarán disconformes con el redactado de la pregunta por no incluir los Países Catalanes) la apoyarán. En palabras del diputado David Fernández, sólo coincidirán con CiU en una fracción de segundo: en el momento de votar Sí en el referéndum por la independencia de Cataluña. En todos los demás temas la CUP promete hacer una política de oposición irreductible. Seremos—dicen—el "caballo de Troya" de las clases populares en el Parlamento. Los antisistema ya han entrado en las instituciones.

La *Diada* Nacional de Cataluña: 11 de septiembre

Marta Rovira-Martínez

*Doctora en Sociología por la Universidad Autónoma de Barcelona.
Actualmente trabaja como consultora de políticas públicas, además es
profesora consultora de la Universitat Oberta de Catalunya (UOC).
Como investigadora, le interesan las cuestiones de identidad, símbolos
nacionales, así como el encaje de la inmigración y la lengua como variable
de integración en Cataluña. En 2012 recibió el premio Jaume Camp de
Sociolingüística por un trabajo colectivo sobre la integración lingüística
de los inmigrantes castellano-hablantes en Cataluña. Por otro lado, ha
dirigido un documental* Forjadors de la Diada *sobre los orígenes de la
conmemoración del 11 de septiembre en Cataluña, con Enric Saurí.*

«Vam escullir l'11 de Setembre de 1714, perque es la fita més
assenyalada que té nostra historia, la data en que s'ha vist el més gran
nombre de ciutadans morint per la llibertat de la Patria.»[1]

"Escogimos el 11 de septiembre de 1714, porque es el hito más
importante de nuestra historia, la fecha en que se vio el mayor
número de ciudadanos muriendo por la libertad de la patria"
Lluís Marsans, secretario de la Unión Catalanista, convocante de
la manifestación de 1901.

En estos tiempos de globalización, cuando se menciona el 11 de septiembre todo
el mundo piensa en el ataque que sufrió Estados Unidos en 2001. La peor agre-
sión exterior en su historia y al mismo tiempo el inicio de una nueva era global
marcada por una nueva geopolítica mundial. El 11 de Septiembre ya era una
fecha de mal recuerdo por el golpe de Estado que en 1973 acabó con la democracia en Chile y la vida del presidente Salvador Allende. Quizá ha llegado el
momento de contar al mundo que en Cataluña también se conmemora uno de
los episodios más épicos de la historia europea: la caída de un pueblo que resistió
ante el absolutismo para defender su libertad. Y que llevó al mismo Voltaire a
destacar "el amor extremo de los catalanes por la libertad".

Efectivamente, el 11 de septiembre de 1714 se luchaba bajo el lema de
"viviremos libres o moriremos". Para los catalanes, la caída de Barcelona represen-
taba el final de la nación como sistema constitucional y como modelo de sociedad. El día que Barcelona claudicó bajo las armas de los ejércitos borbónicos,
tras un sitio que había durado trece meses, Cataluña lo perdió todo. Las crónicas
posteriores relatan una opresión feroz por parte de los ejércitos vencedores, de la
que los catalanes tardarían en reponerse. ¡Se habían enfrentado a los poderosos
imperios español y francés! Y habían perdido.

La pérdida de las libertades catalanas

Desde la unión monárquica de Isabel I de Castilla y Fernando II de Aragón hasta
1714, la Corona de Aragón (Cataluña, Reinos de Valencia y Mallorca, y Reino de
Aragón) y la Corona de Castilla formaban una unidad confederal. Cataluña y las
demás tierras de la Corona de Aragón mantuvieron sus propias Constituciones
y un sistema político propio basado en la idea del pacto entre el monarca y los
representantes del pueblo. En virtud de este pacto, el rey debía jurar las Constituciones para poder ser reconocido como tal. Al morir Carlos II de España sin

---

1   Marsans, Lluís (1911). "Un recort, una defensa i un prec", revista *Renaixe-*
ment. 11-IX-1911. Con el seudónimo A. Mallsol.

sucesión, se declaró la guerra entre las monarquías europeas para imponer un sucesor. Mientras Castilla se situaba al lado de Felipe V de Borbón, nieto de Luis de Francia, Cataluña y la Corona de Aragón apoyaban al archiduque Carlos de Austria.

Después de años de guerra y movimientos de ejércitos en España, Europa y otros puntos del planeta, la designación de Carlos de Austria como sucesor al trono como Emperador propició el tratado de Utrecht en 1713. En virtud de este tratado, Felipe V de Borbón sería proclamado rey de España, y los catalanes quedaban bajo su mandato. Pero los catalanes, temiendo la hostilidad ya anunciada por los castellanos durante el conflicto, y a pesar de haberse quedado sin el apoyo de los ejércitos "aliados" y de Inglaterra, se resistieron contra una monarquía que sabían que no respetaría sus Constituciones y libertades. Barcelona soportó durante trece meses un sitio infernal, en el que cayeron sobre la ciudad más de 30.000 bombas, ¡para una población que no tenía más de 35.000 habitantes!

Una vez ganada la guerra a los catalanes, la represión de Felipe V de Borbón fue durísima: ocupación militar, supresión de las instituciones, nuevos impuestos, persecución de la lengua catalana y destrucción de la parte más comercial y próspera de la ciudad de Barcelona, para construir una ciudadela fortificada. Para los oficiales militares, representantes políticos o personas significadas como carlistas, se inició un período de encarcelamiento, tortura y muerte. Se ordenó la detención, ejecución, deportación o largas penas contra 4.000 personas. Uno de los casos más penosos fue el del general Josep Moragues, que fue torturado y ahorcado. Su cabeza se expuso en una jaula colgada a unos cuantos metros del suelo durante doce largos años.

En toda Cataluña se procedió a la demolición de castillos y fortalezas[2], mientras que 30.000 personas, sobre todo nobles y gentes con recursos, se exiliaron a Viena bajo el amparo del emperador Carlos, de quien se dice que añoraba Barcelona.

La represión afectó de forma terrible a la economía, la cultura y la lengua catalanas, hasta el punto que los cronistas de la época hablan del "fin de la nación catalana".[3] La voluntad de Felipe V era precisamente borrar la identidad de un pueblo que consideraba hostil, aprobando el Decreto de Nueva Planta de 1716 para Cataluña (1707 para Valencia y Aragón, 1715 para Islas Baleares) que anulaba todas las leyes, Constituciones y libertades de los territorios de la antigua Corona de Aragón.

---

2   Albareda, Joaquim Salvadó y García Espuche, Albert (2005). *11 de setembre de 1714*. Generalitat de Catalunya.

3   Sempere i Miquel, Salvador (1905). *Fin de la nación catalana*. Barcelona: *L'Avenç*.

La conmemoración de la *Diada*

Pero no lo consiguió. Los catalanes nunca olvidaron el 11 de septiembre de 1714. A finales del siglo XIX, al mismo tiempo que en Europa florecían los movimientos de reivindicación nacional, que tendrían como consecuencia la formación de nuevos estados independientes entre finales del XIX y comienzo del XX (como Irlanda, Checoslovaquia o Noruega), también se produce en Cataluña un renacimiento de la cultura, así como las iniciativas políticas favorables a una mayor autonomía, o a la recuperación de "las libertades perdidas". Es entonces cuando varias asociaciones empiezan a celebrar actos en recuerdo de los mártires caídos en Barcelona en 1714. En 1888 se inaugura una estatua dedicada a Rafael Casanova, *Conseller en Cap* de la ciudad de Barcelona durante el sitio de 1714. De forma espontánea, por parte de un grupo de jóvenes se inicia el ritual de depositar flores para rendir homenaje a los "mártires de 1714", además de otras iniciativas, como misas, lecturas de poemas y el canto de *Els Segadors*, que años más tarde llegará a ser el himno nacional de Cataluña.[4]

La represión de las autoridades españolas contra estos actos de homenaje organizados por las entidades de la sociedad civil sólo sirvió para que tuvieran cada vez un significado más relevante como actos reivindicativos a favor de la autonomía catalana. Así pues, el 11 de septiembre se convirtió en un día de conmemoración y de reivindicación de la memoria de los que habían luchado por la libertad de Cataluña.

Desde entonces, ésta es una fecha fundamental en el calendario de los catalanes, que además marca el inicio del curso escolar a la vuelta de las vacaciones de verano. Para los catalanes, los símbolos nacionales son un elemento muy importante de la vida política y cívica de Cataluña. Tanto es así que la primera ley que fue aprobada por el Parlamento de Cataluña, una vez recuperada esta institución después de la dictadura franquista, fue la que instituye el 11 de septiembre como Fiesta Nacional, además de establecer *Els Segadors* como himno nacional (ya lo era en tiempos de la Segunda República) y la enseña de "las cuatro barras" como bandera nacional de Cataluña.[5]

Durante el 11 de septiembre, el centro de Barcelona se llena de multitudes. En el casco histórico de la ciudad, en el mismo espacio urbano donde tuvieron lugar las escenas del sitio de Barcelona, se realiza un sinfín de actividades. Por un lado, los actos institucionales; por otro, las actividades organizadas por una representación numerosa de la sociedad civil. Las calles se llenan de puestos y

---

4   Crexell, Joan (1985), *El monument a Rafael Casanova*. El llamp.

5   LEY 1/1980, de 12 de junio, por la cual se declara Fiesta Nacional de Cataluña la *Diada* del 11 de septiembre.

tenderetes de asociaciones donde se venden banderas independentistas *estelades*[6], libros, camisetas y todo tipo de productos. También se organizan actividades infantiles, conciertos, visitas guiadas a los lugares históricos... Los balcones de las casas y las calles exhiben la bandera catalana (y cada vez más la bandera independentista, con la estrella) y en el ambiente se respira multitud, celebración festiva y al mismo tiempo tensión reivindicativa.

El acto más relevante de la *Diada* es el que consiste en llevar una corona de flores a la estatua de Rafael Casanova. Una tradición con la que cumplen las instituciones y la sociedad civil. Desde las más relevantes (como el FC Barcelona) a las más modestas depositan una corona de flores habitualmente decorada con sus escudos y emblemas. Así mismo, se canta el himno de Cataluña, *Els Segadors*, ante la estatua como acto de homenaje.

Desde 1913 también se rinde homenaje a los caídos que fueron enterrados durante el sitio de Barcelona en el antiguo cementerio adyacente a la iglesia de Santa Maria del Mar, el Fossar de les Moreres. Desde 2001, además, un pebetero permanece siempre encendido para rendir homenaje a estos muertos anónimos que lucharon hasta el final del sitio, pasando hambre y penalidades, y sabiendo que morirían en la batalla. El espacio constituye un memorial, que cuenta además con un muro color rojizo donde se inscribieron los versos más famosos jamás escritos sobre la caída de Barcelona en 1714, obra de Frederic Soler: *Al fossar de les Moreres no s'hi enterra cap traïdor, fins perdent nostres banderes serà l'urna de l'honor. [En el campo santo de las Moreras no se entierra a ningún traidor, hasta perdiendo nuestras banderas será la urna del honor.]* Éste es el lugar conmemorativo donde tradicionalmente han participado las asociaciones patrióticas más radicales—juveniles o de la izquierda no parlamentaria—porque se considera que es el espacio de los héroes auténticos, los anónimos.

Desde 2004, el Parlamento de Cataluña realiza un acto propio de conmemoración que tiene como referente las celebraciones nacionales de otros países. La puesta en escena es plenamente institucional, con una representación de la policía nacional (los Mossos d'Esquadra) vestida de gala. El acto cuenta con un programa de actuaciones en el que han participado artistas tan diversos como la cantante israelí Noa o la cantaora Mayte Martín. El hecho de que se realice en el parque de la Ciudadela, donde se erigió la fortaleza que vigiló la ciudad entre 1716 y 1748 (hoy sustituida por el parque), tiene un significado de por sí simbólico. El acto congrega cada año a un numeroso público.

---

6   La bandera "estrellada". La bandera de las cuatro barras con una estrella (blanca o roja) sobre un triángulo (azul o amarillo) en uno de los laterales significa la voluntad de independencia.

El día 11 de septiembre la ciudad de Barcelona rebosa de gentes por las calles, aprovechando el buen tiempo en un día festivo, y participando al aire libre de las actividades. Familias con niños pequeños, jóvenes, gente mayor, militantes de partidos y sindicatos, invitados de organizaciones extranjeras... La ciudad toma la calle. El 11-S catalán también se conmemora en todos los pueblos y ciudades de Cataluña. En todos se halla un monumento o un lugar que recuerda la Guerra de Sucesión y que sirve para rendir homenaje a los muertos durante aquella guerra. Desde hace unos años, además, en algunas ciudades en la vigilia se organizan marchas ciudadanas con antorchas encendidas. Las antorchas sirven para quemar simbólicamente el Decreto de Nueva Planta que en 1716 aprobó Felipe V para anular las libertades y las Constituciones de Cataluña.

Desde los años setenta, el día 11 por la tarde se organiza una manifestación para pedir la independencia de Cataluña. Durante la transición política, esta reivindicación era políticamente minoritaria. Aunque la independencia de Cataluña siempre ha formado parte del imaginario del catalanismo, históricamente ha tenido poca traslación en una propuesta política firme, mientras se confiaba en el encaje de Cataluña en la nueva democracia española. Pero a medida que ha crecido el sentimiento independentista también ha ido aumentando el número de participantes en la manifestación. Durante los años setenta y ochenta, la policía intervenía al final de la manifestación, golpeando y realizando detenciones a menudo indiscriminadas. Los medios de comunicación utilizaban las imágenes de los enfrentamientos con la policía para criminalizar los actos de signo independentista. Sin embargo, hoy en día el 11 de septiembre ha ganado en popularidad, y no suelen haber escaramuzas con la policía.

Las manifestaciones del 11 de septiembre en Barcelona

Los catalanes saben que el 11 de septiembre no es una conmemoración cualquiera, y que manifestarse ese día tiene un significado muy especial. No es extraño que en ese día hayan tenido lugar las manifestaciones que han marcado la historia de Cataluña. La primera manifestación se remonta a 1901, convocada como protesta por la detención de un grupo de 23 jóvenes por parte de la policía cuando acudían a la estatua de Rafael Casanova con una corona de laurel. Esta detención produjo como reacción una manifestación que congregó a 12.000 personas. Como dijo Vicenç A. Ballester: "veinticuatro horas de cárcel de tan pocos, hicieron pensar a muchos". Por eso esta fecha se señala como la del despertar de la conmemoración popular y participativa de la *Diada*.

En 1976, justo después de la muerte de Franco, las entidades y los partidos políticos que formaban parte de la Asamblea de Cataluña quisieron volver a organizar un acto para conmemorar el 11 de septiembre. Pero el gobernador civil, Salvador Sánchez Terán, consideró que era demasiado peligroso dejar que se expresara libremente el sentimiento catalanista. De modo que obligó a celebrar la *Diada* fuera de Barcelona. Los organizadores llevaron la conmemoración a una ciudad próxima, Sant Boi de Llobregat, donde está enterrado Rafael Casanova. Allí se reunieron miles de personas en una concentración que significó el primer acto de masas organizado en Cataluña después de la muerte de Franco. El afán de libertad no se podía detener.

En 1977, en plena transición política y con la sociedad civil en plena ebullición, tuvo lugar en Barcelona la manifestación más multitudinaria jamás vivida hasta entonces. Se calcula que un millón de personas desfiló por las grandes avenidas de la ciudad. La manifestación estaba encabezada por una pancarta con el lema "Libertad, amnistía y Estatuto de autonomía". Así pues, democracia, amnistía para los presos políticos y un régimen de autogobierno para Cataluña en el marco del Estado español.

Treinta y cinco años después, en el año 2012, se produjo una manifestación todavía más multitudinaria que la de 1977. Se llegó a cifrar en 1'5 millones de personas. Aunque la manifestación se convocó para las 17 horas, se inició mucho antes. A lo largo del día, las carreteras se llenaron de autocares y vehículos particulares, así como los trenes en dirección a Barcelona. Una marea humana se dirigió hacia el centro de la ciudad. En las calles, un sentimiento de felicidad y buen humor se apoderó de todo el mundo: niños, jóvenes, mayores... Grupos de amigos y familias enteras llenaban las calles sin poder dar ni un paso porque todo estaba lleno. Había gente que hablaba catalán y gente que hablaba castellano, inmigrantes de última generación llegados de todo el mundo, y catalanes de toda condición. Así pues, la manifestación consistió en una concentración pacífica que llenó de esperanza una Cataluña en la que la opción de la independencia ha cogido tintes de una realidad posible y al mismo tiempo deseada.

1714-2014: ¿Cataluña volverá a vencer?

Hay que tener en cuenta que la conmemoración del 11 de septiembre es la conmemoración nacional más antigua de España[7], y ha perdurado a pesar de ser prohibida y reprimida por las autoridades españolas, especialmente (pero no exclusivamente) durante las dictaduras de Primo de Rivera (1923-1930) y de Francisco Franco (1939-1975). Durante el franquismo la estatua de Rafael Casanova fue retirada con la orden de ser destruida, como tantos otros monumentos y símbolos de la nación catalana. Pero un empleado del Ayuntamiento de Barcelona la ocultó en un almacén, tapiada tras una pared de obra. Eso la salvó de

---

7   Anguera, Pere (2009). *L'Onze de Setembre. Història de la Diada* (1886-1938). Publicacions de l'Abadia de Montserrat.

la destrucción. Las autoridades franquistas prohibieron incluso que la gente se acercara al lugar donde se había levantado la estatua. A pesar de la prohibición, la resistencia catalanista continuaba los actos de homenaje en la clandestinidad, con muchas dificultades y a veces poniendo en jaque sus vidas.

A pesar de la represión, la conmemoración no sólo no ha desaparecido, sino que con los años ha ganado en importancia. Aunque, incluso en el período democrático, ha sido una celebración infravalorada por los sectores afines al nacionalismo español y por parte de las mismas instituciones estatales, a pesar del amplio consenso que existe en Cataluña sobre la conmemoración del 11 de septiembre. Por otro lado, los medios de comunicación estatales o de corte más españolista han tendido a destacar los aspectos negativos de las manifestaciones en las noticias generadas a raíz de los actos de la *Diada*. Pero la *Diada* Nacional de Cataluña no es el producto de unos cuantos radicales, sino una conmemoración muy sentida por una sociedad que busca en su pasado el hilo de Ariadna que le permita reclamar su derecho a la libertad.

El contexto político actual, además, con un sentimiento mayoritario a favor de la independencia de Cataluña, coincide con la preparación de la conmemoración de los 300 años del final del sitio de 1714. En este sentido, hay que decir que la revitalización de la *Diada* es un fenómeno paralelo al crecimiento del sentimiento independentista en la sociedad catalana. Por lo tanto, el recuerdo de 1714 está teniendo una presencia simbólica cada vez más relevante. Desde 2005 existen iniciativas de la sociedad civil y de algunos ayuntamientos para promover actos que conmemoran las diferentes efemérides relacionadas con la Guerra de Sucesión. En la proximidad de 2014, han sido el Gobierno de la Generalitat y el Ayuntamiento de Barcelona quienes han comenzado a preparar el aniversario de los 300 años, con la intención de dotarlo de la solemnidad que requiere. Veremos si se cumple entonces el propósito que dejó como legado el presidente Lluís Companys, fusilado por la dictadura franquista en 1940. Él proclamó: *"Tornarem a sofrir, tornarem a lluitar, tornarem a vèncer"* (Volveremos a sufrir, volveremos a luchar, volveremos a vencer). Cuando hablaba de vencer no se refería a una victoria militar, sino a ganar la libertad de Cataluña para existir como nación, con una lengua, una cultura y unas instituciones soberanas.

Bibliografía básica

Albareda, Joaquim Salvadó y García Espuche, Albert (2005). *11 de setembre de 1714*. Generalitat de Cataluña.

Ballester, David. (2002) *El triomf de la memòria: la manifestació de l'Onze de Setembre de 1977*. Barcelona: Editorial Base.

Benet, J. y Espinàs, J.M. (1977). *El llibre de la Diada. 11 Setembre 1977.* Barcelona

Crexell, Joan (1985). *El monument a Rafael Casanova.* Barcelona

Fanés, Fèlix (1977) "L'onze de setembre sota el franquisme". *L'Avenç,* no. 5. Barcelona.

Riera, Sebastià (1994). *La commemoració de l'Onze de Setembre.* Barcelona: Ajuntament de Barcelona

Sobrequés, Jaume (1976). *L'Onze de Setembre i Catalunya.* Barcelona: Undarius.

Índice de materias

www.ingramcontent.com/pod-product-compliance
Lightning Source LLC
Chambersburg PA
CBHW022105280326
41933CB00007B/265